学习"看见"儿童

幼儿学习观察与活动设计 46 例

刘 岚◇著

华东师范大学出版社
上海

图书在版编目（CIP）数据

学习"看见"儿童：幼儿学习观察与活动设计46例 /
刘岚著. — 上海：华东师范大学出版社, 2022
ISBN 978-7-5760-3279-6

Ⅰ.①学… Ⅱ.①刘… Ⅲ.①学前教育—教学研究
Ⅳ.①G612

中国版本图书馆CIP数据核字（2022）第188275号

学习"看见"儿童
——幼儿学习观察与活动设计46例

著　　者　刘　岚
责任编辑　蒋　将
特约审读　李小敏
责任校对　李琳琳
装帧设计　冯逸珺

出版发行　华东师范大学出版社
社　　址　上海市中山北路3663号　邮编 200062
网　　址　www.ecnupress.com.cn
电　　话　021－60821666　行政传真 021－62572105
客服电话　021－62865537　门市（邮购）电话 021－62869887
地　　址　上海市中山北路3663号华东师范大学校内先锋路口
网　　店　http://hdsdcbs.tmall.com

印 刷 者　上海昌鑫龙印刷有限公司
开　　本　787毫米×1092毫米　1/16
印　　张　15.5
字　　数　251千字
版　　次　2022年11月第1版
印　　次　2023年11月第2次
书　　号　ISBN 978－7－5760－3279－6
定　　价　50.00元

出 版 人　王　焰

（如发现本版图书有印订质量问题,请寄回本社客服中心调换或电话021－62865537联系）

序 言

　　刘岚老师是我在华东师范大学课程与教学研究所学习研究期间辅导的浦东新区学前教育后备名师培训班（2005－2008年）的10名学员之一。感觉如白驹过隙，我离开"魔都"上海，来到首都北京工作已有15年。这期间，我们通过微信等方式保持着亦师亦友的交流与联系。当上个月上海疫情最吃紧之际，她给我来电并发来刚刚完成的新书书稿——《学习"看见"儿童——幼儿学习观察与活动设计46例》的那一刻，我由衷地为她感到骄傲和自豪。云端的那一头，她很兴奋地跟我分享着撰写书稿的初衷和其中的儿童故事。我体会到，那分明是她发自内心的无比喜悦之情，是一种对儿童、对教师职业、对幼儿教育事业的无比炽热的爱。于是，我欣然应允为本书作序。

　　刘老师的来电，让我的思绪回到20年前我在上海的时光。在我内心深处，我始终对上海抱有着特殊的感情，因为那是我的第二故乡。在那里，我留下了六年最美好的青春年华；在那里，有我许许多多最亲最爱的老师、同学和朋友伙伴们。与10位浦东幼儿后备名师的故事，就是其中一段难忘的经历。

　　犹记15年前，我在学习研究之余，有幸接受上海浦东新区学前教育教研员李继文老师的盛情邀请，担任浦东新区首届学前教育后备名师培训班的理论导师，与10位优秀的幼儿园后备名师开启了一段构筑学前教研共同体的旅程。这期间，我与她们分享教育理论的最新前沿，交流学习研究的心得体会，到她们所工作的幼儿园听课、磨课、观课与研课，参加各种她们参与的研讨活动。刘岚老师就是其中的优秀一员，也正是因为这段经历，让我有幸成为她撰写的课程故事的最早读者之一。

回望这些年，尽管我的工作重点从课程教学、国际比较的微观层面转向了教育宏观政策和发展战略，但我始终对校本课程和课程故事十分感兴趣，也热衷于搜罗国内外的课程故事。关于国内的校本课程理论研究，我最早拜读的是我的导师王斌华教授撰写的《校本课程论》；关于课程故事研究，我拜读了母校崔允漷教授编写的《校本课程开发：课程故事》，其后是上海市教育委员会教学研究室编写的《我们的课程领导故事》。

仍然清楚记得刘岚老师在培训期间的点点滴滴，这次通过云端交流、在字里行间与她对话、看她讲故事、听她说话，我感受到了她的专业热忱，听到了她的教育信念，看到了她以孩子为中心的儿童观。在交流时，她告诉我，"与孩子互动的过程是愉快的、幸福的"，"只有从内心看见儿童，才能真正做好一个幼儿教师"。她还给我讲了一个孩子的故事：

清晨的中一班门口，球球（化名）倔强地站着，就是不愿进教室。不管他那作为领导的爸爸如何数"一、二、三"地"威吓"，也不管班主任老师如何软语带笑地说"玩具忘带了，没关系的"，球球只管自己紧皱着眉头，踩着脚。此时，刘老师走上前去，蹲了下来，对着球球说："怎么搞的，今天又忘了！"球球一下子停止了踩脚，并看向她。刘老师又说道："为什么每天都会忘记，真让人生气！"球球听后将身体转向了刘老师。刘老师也看向他说："不要踩脚了，进去想想办法吧。"球球点了点头："有什么办法可以让自己明天不要忘记带呢？"他边想边走进了教室。当班主任和爸爸为这一幕感到惊奇时，刘老师说："球球的心里住着一个'大人'，他不能原谅自己每天忘记带机器人这个错误……"

她解释道："每一个孩子的心里都住着一个自己。他们不按任何人的意志而存在着，他们总是用自己的方式表达着自己，也伸展和成长着自己。如果我们能关注他们的表现与反应，敏感地察觉他们的需要，那么，我们就可能会有更多具有智慧的、适当的应答方式来与孩子们形成合作探究式的师幼互动。也只有这样，孩子们在与我们的朝夕相处中才有了更多发展的'可能'。"

课程故事作为叙事性课程评价的重要方式，具有多元的价值。故事写作的过程就是教师反思与成长的过程，进一步引导着课程与教学的生成与完善，重建理论与实践的统一，最终促进儿童的学习与成长。观察儿童、识别儿童、回应儿童、改善课程是叙事性评价的一般过程，而善于观察儿童是识别儿童、回应儿童、改善课程的前提和基础。当前，在贯彻落实国家学前教育改革发展精神，特别是《3—6岁儿童学习与发展指南》等文件精神的过程中，善于观察儿童成为教师的重要专业能力和素养。它需要教师在儿童发展的全过程中尽可能地倾听儿童的"声音"，创造机会让儿童"发声"，为儿童自我发展创造条件。

刘老师的这本书，就呈现了许多来自儿童的"声音"，展现了孩子们本来的样子。他们或许顽皮、或许吵闹、或许沉默、或许激动，不同的行为表现中体现了孩子们不同的想法、观点、兴趣和需要。看见这些本身，对于教师们来讲就极具意义。它将引导教师们从感觉有趣和感动开始步入观察的状态，然后研究儿童，跟着他们的需要去推动、去支持儿童的成长，去为儿童创造学习成长的机会！

本书共分六章，按照由浅入深、层层递进的逻辑，分别为"在观察中，学习理解你""在观察中，学习信任你""在观察中，学习支持你""在观察中，学习研究你"和"在观察中，学习欣赏你"。

第一章"在观察中，学习理解你"，以介绍儿童观察案例的形式，呈现了"画中的手枪""奔跑""日常的'冲突'""约定""道歉"等6个发生在幼儿园里的寻常事件，是日常生活中师幼互动的故事。在这些故事案例中，我们可以看见一个善于倾听儿童的教师，她总是恰当地回应儿童的需求。教师与孩子们的"声音"偶遇，从儿童的图画、动作、表情、对话中捕捉到孩子的心事。儿童展现的想法和能力，让教师从理解儿童到接纳儿童，从接纳儿童走向信任儿童。

第二章"在观察中，学习信任你"，以介绍儿童学习案例的形式，呈现"厕所""在'疯狂'中诞生的奇迹""会让大家看懂的"等7个儿童学习故事，让我们看到了儿童是有力量的学习者，他们的学习值得教师们好好学习！

第三章"在观察中，学习支持你"（上）和第四章"在观察中，学习支持你"（下），以介绍儿童活动案例的形式，展现了刘老师原创的"大碗岛的星期天下午""金鱼""掀起你的盖头来"等 13 个幼儿园集体学习活动设计和基于儿童观察的教学故事；呈现了"从'喜欢'到'欣赏'""提问的艺术""水乳交融的教与学"等 5 篇关于活动设计的经验总结，是教师学会支持儿童学习的内在思考。这些案例把基于儿童观察的设计和教学实施融为一个整体，让教学能与儿童的需要更为贴近，能让阅读者感受到教学是因人而设的，具有很好的分享和借鉴价值。

第五章"在观察中，学习研究你"，以介绍课题研究案例的形式，分享了刘岚老师主持的 3 个研究课题的成果。这 3 个课题分别着眼于对话教育理念下师幼互动、基于儿童立场的主题活动和传统艺术文化主题活动，呈现了一线优秀教师作为研究者的经验，对学前教育教师如何做科研具有参考价值。

第六章"在观察中，学习欣赏你"，是最富有儿童智慧的章节，呈现了丰富的儿童生成活动和创意艺术表达。这一章节充满儿童的奇思妙想，是最值得珍藏的教育记忆，能让阅读者由衷赞叹儿童的智慧，直呼"儿童是天生的艺术家"！

学习"看见"儿童，是一个与童心、与美好相遇的过程，更是一个与未来更好的自己相遇的过程。

这本书是属于孩子们的，因为这里充满孩子们的探索和发现、欣赏和表达、思考和创造，它分享了儿童在成长过程中的成功、努力、困难、挫折等体验，呈现他们"每一个"的不同，也呈现出每一个孩子成长的力量。

这本书也是属于教师们的，因为我们每一位教师都应学习倾听孩子们的"声音"，理解他们的差异，尊重他们的成长方式，使课程能基于对儿童的观察来实施。

归根结底，教育智慧的本质是爱，只有热爱儿童才能真正看见儿童。让我们从这本书中读出一位幼儿园名师对孩子的爱吧！

是为序。

熊建辉

2022 年 5 月 16 日

序言　　　　　　　　　　　　　　　　　　　　　　　　　　　　　1

第一章　"在观察中，学习理解你"——儿童观察案例　　　1

1　画中的手枪　　　　　　　　　　　　　　　　　　　　　　3

2　奔跑　　　　　　　　　　　　　　　　　　　　　　　　　5

3　日常的"冲突"　　　　　　　　　　　　　　　　　　　　7

4　约定　　　　　　　　　　　　　　　　　　　　　　　　　9

5　道歉　　　　　　　　　　　　　　　　　　　　　　　　11

6　跟踪　　　　　　　　　　　　　　　　　　　　　　　　12

第二章　"在观察中，学习信任你"——儿童学习案例　　13

7　厕所　　　　　　　　　　　　　　　　　　　　　　　　15

8　在"疯狂"中诞生的奇迹　　　　　　　　　　　　　　　18

9　会让大家看懂的　　　　　　　　　　　　　　　　　　23

10　年画　　　　　　　　　　　　　　　　　　　　　　　32

11　跳舞毯　　　　　　　　　　　　　　　　　　　　　　38

12　为中国运动员设计奖牌　　　　　　　　　　　　　　44

13　升学冠　　　　　　　　　　　　　　　　　　　　　　53

第三章　"在观察中，学习支持你"——活动设计案例（上）　61

14　当陌生人来敲门（大班）　　　　　　　　　　　　　63

15　寻找男子汉（大班）　　　　　　　　　　　　　　　67

16　长大真好（大班）　　　　　　　　　　　　　　　　71

17　今天不迟到（大班）　　　　　　　　　　　　　　　75

18　小球旅行记（小班）　　　　　　　　　　　　　　　79

19　和99厘米高的彼得比身高（中班）　　　　　　　　83

20　看，妮娜的脸（大班）　　　　　　　　　　　　　　89

目

录

21　什么都会变（小班）　　94

22　为什么（大班）　　98

23　《大碗岛的星期天下午》（大班）　　103

24　《金鱼》（大班）　　109

25　掀起你的盖头来（大班）　　115

26　礼物（大班）　　120

第四章　"在观察中，学习支持你"——活动设计案例（下）　　125

27　从"喜欢"到"欣赏"——美术欣赏活动《金鱼》中的教育支持　　127

28　提问的艺术　　133

29　觅师之真　　137

30　水乳交融的教与学　　141

31　幼儿园集体活动设计的"思"和"试"　　146

第五章　"在观察中，学习研究你"——课题研究案例　　155

32　幼儿视觉艺术教育活动中的对话教育研究　　157

33　让艺术欣赏释放天性 ——幼儿园主题活动中幼儿艺术欣赏活动的内容开发和实践研究　　179

34　"中国红"——幼儿园传统艺术文化主题的实践研究　　191

第六章　"在观察中，学习欣赏你"——儿童活动案例　　213

35　是"陈"还是"橙"　　215

36　"香笃笃馆"　　217

37　爱茶大调查　　219

38　香料说明书　222

39　香味盲盒　224

40　薄荷　226

41　熏艾草　227

42　附子　228

43　冰片　229

44　辛苦的茶农　230

45　用艾草泡脚的感觉　232

46　萦萦艾草香　233

参考文献　　　　**235**

后记　　　　**237**

我们并不仅仅是用自己的眼睛去看，用自己的耳朵去听，更是通过我们的心、我们对儿童无尽的爱去看和听。这个学习看见、听见的过程，让我们总能想起做教师的初衷，享受与儿童在一起的全部快乐！

第一章

"在观察中，学习理解你"

——儿童观察案例

如同裴斯泰洛齐（John Heinrich Pestalozzi，1746—1827）所说，"每一种好的教育都要求用母亲般的眼睛时时刻刻准确无误地从孩子的眼、嘴、额的动作来了解他内心情绪的每一种变化。"

我试着去看你们的图画、动作、表情、对话，见到其中你们悄悄露出的心事，所以我跟着你们哭过，因为感受到了即将"失去"父母的恐惧；

我陪着你们跑过，因此发现了心中乐趣膨胀的力量；

我看着你们吵过，因而接受了你们的顽皮、倔强和恶作剧；

我向你们道歉过，因为明白了你们是如此地爱着我。

慢慢地，这些"看见"在你们和我的心之间架起了一座桥梁，让彼此的心能自然而然地说起话来 ——理解万岁！

从理解而来的力量也使我有了与你们自然相处的舒适，能给予你们最大自由和包容的内心力量，更让我懂得了，爱是理解的别名！

1　画中的手枪

快过新年了，对孩子来说，这个节日也许就是礼物的代名词。我带的全托小班的宝贝们也忙活起来，在纸上涂涂画画起他们小脑袋里冒出的各种礼物来：一个个的圈圈是棒棒糖、有着圆脑袋的东西是芭比娃娃……但当我走到亮亮的身边时，映入眼帘的是满满一纸黑色蜡笔画的类似三角形的图案，那画面让我有些不安："亮亮，这是什么？"

亮亮抬起头，很快地回答："是手枪！"

我的心咯噔了一下，随后问道："亮亮喜欢手枪？"

"嗯，手枪保护亮亮！"说完亮亮用小手模仿手枪玩起了打仗的游戏。看着亮亮蹦跳走远的身影，我心中泛起了更多的不安，又仔细端详起了亮亮的画。我发现亮亮的画里大量地使用了黑色。这个阶段的幼儿图画中的用色看起来似乎是随意的，但这并不意味着色彩对他们而言没有意义。图画的色彩与实际物体色彩间或许没关系，但与幼儿个人情感有许多关联。幼儿在绘画的时候更多的是来自于内在的喜好，凭直觉取色，亮亮选择黑色并大面积地使用，同时图形中有许多尖锐的角，这些都传达了孩子的负面情绪。

周末，当我把亮亮画的手枪展现在他妈妈的眼前时，没想到她一下子流下了泪。原来，亮亮的爸爸妈妈正在闹离婚，那无休止的争吵和冷战给年幼的亮亮的心上蒙上了阴影，他只能从画中表达自己对安全和爱的渴求。此时，再看孩子的画时我禁不住流下了泪，似乎感受到了那颗小小的心承受的恐惧和不安。于是，我决定打电话找来亮亮的爸爸，并让他俩一起带回了亮亮的画。我想，面对孩子的心灵画面，他们会更理智地解决生活的难题。

周一清晨，亮亮走进教室，我俩说起了悄悄话。

"亮亮，爸爸回来了吗？"

"嗯，回来了，给我买了一把手枪。"

"他们吵架了吗？"

"没有。"

听到这里，我笑了。没想到亮亮伸出短短的手臂一下子抱住了我的脖子，那一刻相拥我感觉到了孩子的心跳。孩子的画是幼小心灵的天窗，每一笔、每一抹都是他们的"语言"，也许是色彩，也许是形状，所有画面的细节都传递出心声。看懂孩子的画，看到孩子心事，才能真正贴近他们的心。

2 奔 跑

安逸第一次走进班级教室的时候，我觉得他的眼神总有些避让、有些忧郁，而之后的安逸也如他的眼神一样沉默。尽管我们一直努力地去与他交流，他却总是一言不发。

不过，从某个周一开始，我发现安逸开始喜欢往厕所跑。这让我感到非常奇怪，于是我开始尾随他，如同他的沉默一样，我沉默地跟着他、看着他。我发现安逸在厕所一会儿看看小便槽一会儿又拉拉冲水绳，当问他为什么这么做时，答案却还是沉默。之后，安逸还是一如既往地在教室和厕所之间忙碌。虽然有些困惑和无奈，但我想陪着安逸一起忙碌，体会一下这个沉默的男孩心里到底在体验着什么。于是，每当安逸跑向厕所时，我也跟去；当他仔细看水槽的时候我也蹲着看；当他拉冲水绳时我也和他一起用力让水一泻而下。看着水快速地往前冲，安逸回过头给了我一个从未有过的笑容。这让我的心好激动，因为这是一个多月以来，他第一次和我对视，第一次与我交流，开心！

就这样又过了一周，我们无数次在厕所和教室中来回奔跑着。一天中午，女孩们刚完成了在厕所的"工作"，安逸便飞奔进了厕所，急急忙忙去拉冲水绳。当我跟进厕所的时候，安逸对着水槽尾部的小洞问："大便哪里去了?"这可是一个多月来安逸第一次开口说话！后来，我把安逸的问题介绍给其他孩子，没想到这个问题受到了大家的欢迎。孩子们研究起了学校的下水道。一次对管道连接的探索就这样开始了。在主题探索中，安逸虽然话语不多，却总能凭着善于发现的眼睛和执着探究的精神成为伙伴们的中心。从此以后，安逸脸上的笑容已不再难得一见。

一言不发的孩子在幼儿园不多见却也不少见。他们是那样"慢热"，小小的心上有一扇紧闭的"大门"。回想自己打开这扇心门的"钥匙",也许就是和安逸一起的奔跑,虽然缺少了语言,但行为一样是我们了解孩子的通道。关注到安逸忙碌的奔跑让我发现了他的兴趣;静候一旁的等待、与他会心对视都是我们彼此沟通和互相认同的过程;陪伴安逸来回奔跑、看水槽、冲水,这是我在告诉安逸:我支持他、我是他的朋友、我愿意和他一起做他想做的事情……用心去看孩子的行为,我得到了一把打开沉默男孩心门的钥匙。

3　日常的"冲突"

午饭后，走廊里传来吵吵嚷嚷的声音，原来佳佳和茜茜吵架了。佳佳眼含泪珠走到茜茜的面前，大声而气愤地说："茜茜，你是个骗子！"而茜茜的神情虽有些推诿，语气却毫不示弱："哼，才不是呢！"我急忙靠近点，却没有走上前去。

从她俩你一句我一言的争吵中我大致了解了事情的来龙去脉——茜茜不爱吃饭，而且特别挑食，每次吃饭都很慢。眼看着边上的佳佳只剩下空盆子了，也许是为了逃避责怪，她趁佳佳转身说话的时候把自己的菜倒进了佳佳的盆中，转身离开了餐桌。佳佳因为盆里的剩菜受到了保育老师的批评。了解了事情原委的我也被茜茜的行为激怒了，大声指责了茜茜。原以为帮佳佳伸张了"正义"，但在转身后发现两个女孩都在哭。此时的我开始思考：幼儿园里，每天都会发生许多争执和冲突，身处其中的我们常常去扮演"和事佬"或"法官"的角色。譬如今天，向伙伴道歉后的茜茜是真的懂得了承担与推诿的不同吗？那眼泪流露出的是醒悟还是委屈？我真的解决了这场冲突吗？被我伸张"正义"后的佳佳为什么还在伤心地哭呢？之后无意间读到一段家长遇到类似状况后对孩子们说的话，它引起了我的思考：

表 1　关于孩子犯错时教育的思考

家 长 的 话	我 的 思 考
孩子，爸爸妈妈从来都没有说过你不可以犯错！我们小时候、现在都犯过错。	传达"犯错可以得到谅解"的信息，安抚孩子不安的情绪。

续　表

家 长 的 话	我 的 思 考
孩子，当一个人做错事情的时候不是应该赶快掩盖，因为掩盖是无济于事的（为孩子演示了用手遮住的字，虽然看不见，但依然存在），你能做的是寻找正确的解决方法。	就事论事。直观呈现掩饰的结果，让孩子知道错在哪里。
孩子，爸爸妈妈比你有经验，如果你无法解决的话，可以找我们帮忙。	让孩子感受到父母爱自己的立场，使之看到解决问题的出路。

　　回想当时茜茜那委屈的哭泣，我似乎明白了：因为指责，孩子看不到我的爱而只看到我严厉和蛮横的形象；因为太注重错误的本身，我忘记了让孩子试着去改正错误更为重要。因为愤怒，我失去了客观判断和分析的心态，也失去了和孩子沟通和理解的立场。

　　第二天，我看到茜茜紧皱着眉头用舌尖舔着鳝鱼，马上回想起了茜茜挑食，想要逃避指责所以就想出了"倒菜"在别人碗里的馊点子。我走近茜茜，告诉她如果实在不喜欢吃可以不吃，多吃点米面搭配。茜茜开心地笑了，在我的劝导下主动去向佳佳道歉了。两个小女孩又在一起笑着玩开了。

　　望着欢笑着的孩子们，我告诫自己，"看见"孩子之间的冲突，不能莽撞介入而需冷静分析、谨慎行动，因为冲突背后往往有故事、有教育的契机。支持和鼓励孩子发现自己的错误，试着解决自己的错误，永远比评判错误更为重要。

4 约 定

故事的主人公是两名大班的幼儿，他们是：

玉玉：一个乖巧、文静的女孩。善于倾听，但发言举手时总显得有些犹豫；做事条理清晰，却从不敢做自己没做过的事。

杰杰：一个聪明又莽撞的男孩。有勇气、有智慧，时常能发现问题的重要部分，却总让人为他担心，经常不是弄坏了东西就是弄丢了什么，很少能有头有尾地做事情。

一天下午，孩子们准备为即将到来的常州老师制作介绍陆家嘴景点的地图。大家根据介绍景点的不同分成了四组，但玉玉和杰杰没有参加任何一组。原来，每组的制作方法中都有剪贴和制作，这个玉玉和杰杰并不擅长，所以，没有人邀请他们参加，他们也不是很愿意加入。共同的情况使玉玉和杰杰这两个性格截然不同、平时很少相处的孩子坐在了一起。一会儿后——

玉玉："老师，我们能用画的方法吗？"

老师："当然可以，只要能让大家看得明白，看得清楚。"

此时，杰杰的眼睛亮了起来，我想一场合作的"好戏"也许要上演了！

"从东昌幼儿园到著名的金茂大厦步行要经过哪些路？用多长时间呢？"焦虑的玉玉看着杰杰。聪明的杰杰说："去看一看不就知道了嘛！"受到启发的玉玉想约杰杰在星期六的早晨九点从学校出发，实地考察一次。当她鼓足勇气向杰杰发出邀请时，没想到杰杰一口答应了。细心的玉玉在周五放学的时候提醒了杰杰一次，又在晚上给杰杰打去了电话，约定明天九点在校门口见面，让杰杰一定不要忘记。我心中暗暗窃喜，给两个孩子的妈妈打了电话。

　　星期六的早晨，在校门口等待的玉玉有些担心和紧张，这是她自己决定做的第一件"大事"，没想到得到了妈妈和杰杰的支持，杰杰会来吗？当看到杰杰蹦跳走来的身影，玉玉开心地笑了，两个孩子手牵手开始了人生第一次的"约定"。在玉玉母亲的陪同下，他们用一个小时的时间完成了徒步考察。接下来的事情可想而知，杰杰用自己的聪明才智协助玉玉完成了路线绘制和路名标记，他们通过自己的努力第一个完成了地图制作，当玉玉面向大家介绍时，小姑娘的脸上充满了自信，她向大家分享成功经验时是这样说的："做事情的时候不要害怕，害怕就做不成了，要去试一试，调查一下，也可以约好朋友一起去。"（这可是她的切身体验哦！）莽撞的杰杰站在台前倒显得有些害羞，他说："其实，星期六的早晨我迟到了，因为我忘记了玉玉的事情，是妈妈把我叫起来的，我才想起来玉玉跟我的约定，妈妈说答应别人的事情一定要做到……"（玉玉和妈妈的影响使杰杰懂得了承诺的重要。）

　　那一刻，我的心飞扬起来！我亲爱的孩子们是那样地不同：个性、兴趣、需要、能力……各有差异。因此，他们是独特的，但独特需要被"看见"，被支持到。我很高兴看到玉玉和杰杰坐到一起的那一刻，很高心听见了他们的计划，很高兴孩子们实现了自己的第一次"约定"。

5 道 歉

在带全托小班的时候，我有一本心爱的摘记本，本子上记录了许多令我心动的东西，比如一首打动心灵的诗句，或夹着以前的学生送我的小卡片。本子的封面上还印着曼妙的兰花。孩子们都知道，这本子是刘老师的宝贝。

有一天午餐后，当我回到电脑前翻看小本子时，却发现里面的每一页上都被涂上了乱糟糟的线条，一看就是班里孩子的"杰作"。火冒三丈的我找出"案犯"凯凯时再也克制不住心中的愤怒，劈头盖脸地给了孩子一顿训斥。凯凯没出声，只用泪水回答我。

周一清晨，凯凯妈妈送孩子来学校，轻声将我叫到一边说道："刘老师，凯凯说他把您心爱的本子给画花了，真是很抱歉，实在对不起您了。孩子告诉我，他其实是想让您开心，让您喜欢他，所以在本子的每一页上都画上了封面上的兰花草，因为他觉得刘老师最喜欢兰花草！"凯凯妈妈走后，我急忙拿出本子细细辨认，从那杂乱的线条中依稀能寻找出兰花草的轮廓。那一刻，我好羞愧，心里不停地埋怨着自己怎么那样鲁莽。难道就不能控制住情绪，问一下孩子为什么要这样做？凯凯的心里该有多难过。拿着本子的我走到凯凯身边，说："对不起，老师错了！"小家伙捧着我的脸笑眯眯地说："好吧，我原谅你了！"然后，我们高兴地亲了一下。

嗯，我知道，教师也会犯错，这句带着羞愧说出口的"对不起"成为我工作生涯的警钟、也化作不断自律充实自我教育素养的动力。从那一天起，我清醒地认识到情绪和主观是教师实现观察的最大阻力，在观察的道路上需要不断地克服它。

6   跟   踪

在进行"设计教学"的过程中，孩子们常常通过"采访"来了解别人的想法、收集信息用以解决问题。而连续带了几年小班的我却常常因为小班幼儿的采访总是"颗粒无收"而感到疑惑。那一天，孩子们准备出去采访，主题是"大家在节日里都做了什么"。我决定对孩子们进行一次"跟踪"。

只见他们或是在教室门口晃悠，或是在走廊中来回"疯"跑，脸上洋溢着快乐的笑容，仿佛"采访"与他们毫无关系似的。当他们玩够了、晃够了，在走廊里看到一位教师才想起了自己的任务。当被采访的教师说起自己在假期中去喝喜酒的事情时，孩子们立刻笑逐颜开地和教师聊了起来，不断地向教师讲述自己喝喜酒时的见闻，根本没注意到教师强调的过节活动。在之后的"记录"环节中，孩子们把教师讲述的话全抛在脑后，却将自己讲述的喝喜酒过程（什么鞭炮啊、酒瓶啊等）全部记下来了。

啊！原来你们这些宝贝是这样的，别人说的不重要，自己想的才重要！我认为的你们的"颗粒无收"，原来一直成果丰硕，只是你们一直在收获着属于你们的体验和感受，只是我没有看懂过。这些稚拙的画面自然而丰富，充满了成人无法想象的趣味。而我居然也忘记了自己的任务，完全被孩子们的世界吸引了。那一刻，这些熟悉的小精灵对我而言是那样地陌生又那样地亲切。

我知道孩子是本独特的书，书里没有我们熟知的经验，只有孩子的逻辑、孩子的哲学、孩子的快乐生活。对于这本书，我知道得太少太少，我需要定下心来，去倾听来自这本书的声音，去理解来自这本书的一切，去看见儿童的心！

第二章

"在观察中，学习信任你"

——儿童学习案例

加雷斯·B·马修斯（Gareth B. Matthews）在《童年哲学》中写道：四岁的克里斯汀在自己使用水彩，画着画着，她开始思考颜色的问题，有一天，她坐在床边和爸爸说话，宣称："爸爸，世界全是颜色做的！"

孩子，你们是有力量的学习者，是天生的艺术家！是的，我这么说但不代表真的相信。所以，这一次，从观察你们的学习开始：

我留意着你们的兴趣，你们可以一连两周不断地摆弄陶泥，在指尖手掌中体会着泥的种种特性，突然有一天捏出了一个个"丑娃娃"；

我留意着你们的看法，跟着你们一天三次走出教室，来到沙坑边，用温度计试着、记着又取来树叶遮着、想着和等着；

我留意着你们活跃的头脑、你们的冒险和坚持、你们的符号，当这一切展开的时候，发现了你们惊人的学习力量。此时，我不得不退后，以便让你们能更为完整地展现自己，而我在其中慢慢地钦佩你们、信任你们，你们的学习值得我学习！

7 厕 所

那时，我们的幼儿园处在得天独厚的地理位置——浦东陆家嘴金融区内。在"我们的城市"主题活动中，我和大三班孩子漫步（社会实践）来到了陆家嘴环路，观赏着眼前高耸入云的建筑群时，孩子们的故事开始了……

【实录一】排在队伍里的杰杰被一间矗立在路中间外墙上挂着画和花的小屋所吸引："这里是不是有画展？"在一旁的雯雯说："不是的，是花店。"……两个孩子各持己见，他俩的争吵声很快就引来了大部分孩子的目光，队伍就此停了下来。细心的逸杰看到了不起眼的墙角挂着的小牌子，说："是厕所。"满怀着好奇大家走进了这间小屋，有的孩子还用手捏住了鼻子，可迎面而来的却是一股香味。有的孩子说："是空气清新剂的香味。"有的孩子说："洗手池旁放着小植物真漂亮！"……一段时间后，我听到来自孩子中带着些许感叹的声音："原来厕所也可以这么美丽，我好喜欢。我们教室的厕所可不行。"

我隐约感到了孩子们跃跃欲试的兴奋和热情。此时，似乎一个日常生活设施所引发的热点和孩子们心中创作的热情交汇在了一起。

【实录二】班级厕所中用来做隔断的隔离板历来是白色的，我们认为用白色可以为厕所增添一份清洁感，而在孩子的心里却不是这样想的，也许，那就是一块"画布"。

杰杰说："我想在隔离板上画迷宫世界，彩色的路又神奇又漂亮，小朋友可以一边小便一边玩。"

捷捷说："我想在隔离板上画许多圣诞树，变成神奇的小树林，里面种着许多挂礼物的圣诞树。"

燕燕说："我喜欢小动物，我想让隔离板上有许多动物，我可以和动物做朋友。"……

人们常说："一百个人有一百种想法。"我们的孩子也不例外！瞧！"大师"们的休闲隔离板多么赏心悦目！

【**实录三**】全班的孩子都参加了台盆设计大赛。然后，孩子们进行投票评选，一些造型可爱的图案深受大家的青睐。

燕燕设计了一只大螃蟹台盆，短短的 8 条腿，嘴里还吐着一连串泡泡，她说："螃蟹喜欢游泳，我洗手的水正好给螃蟹洗澡。"

小华把台盆设计成了一个光芒四射的太阳，她说："太阳是五光十色的，很漂亮，希望小朋友也变得漂亮。"

心澄在投票的时候，由衷地说："我好喜欢这些台盆，在用的时候，感觉很幸福！"

如果比想象力没有人能胜得过 3—6 岁的孩童，螃蟹台盆、太阳台盆都闪现着孩子的灵动和美好。

活动后的认识：

表 2 "改造厕所"活动后的教学思考

孩　子	我
艺术熏陶之下，孩子们总有"手痒"的热情，眼前的公厕带来的审美冲击和对自己教室的厕所的不满，让孩子们的感觉总算找到了"用武之地"。	卫浴文化既是现代社会生活的文明标志也是审美表达。 改造厕所是审美表达的好途径，更是积极的生活态度，不妨让孩子尝试一下哦！好想看看孩子们的奇思妙想！
希望被别人认可的心理需要驱使孩子们设计出受大家欢迎的隔离板和台盆，孩子们从中发现了原来每个人对某样东西喜欢的理由都不同，设计既要美更要符合使用者的需要。	隔离板的设计让孩子从自己的需要迈向了了解他人的需要，从而发现不同的人有不同的生活习惯和方式。为伙伴设计喜欢的隔离板是尊重他人，理解他人的起点。
原来，生活可以这样幸福，原来，厕所可以这样美丽！ 原来，我这么行，我的伙伴这样棒！ 原来，我可以用自己喜欢的方式来做很多事！ ……	美化后的厕所带来的审美愉悦、通过自己的双手改造环境带来的新鲜感都是幸福的，孩子们这种积极而极富童真的过程让人钦佩而舒适。我承认，此刻，我喜欢待在你们的身边，看你们说着、想着、画着、讨论着……

这次的尝试，让我看到，儿童是渴望拥有思考和表达的，也需要将自己的想法付诸真实的实践。在其中，他们有着活跃的思考和丰富的交流，看到儿童在活动过程中焕发出魅力和力量，让人情不自禁地喜欢！

8   在"疯狂"中诞生的奇迹

那天,大班孩子在沙水池中玩,池中的小木桶盛满了由小竹片运来的水。凯凯为自己挖的"深不见底"的洞而自豪。他繁忙地将水运到洞中。但这样做似乎并没有让他满足。凯凯决定在沙上挖出一条路来将水引到洞中。听到这个决定时,我的嘴张得老大,心想:"在沙地里将水引入洞里?天呐,根本不可能!"就在想开口之际,一个身影 —— "校长先生"(《窗边的小豆豆》一书中"巴学园"的校长)从眼前浮起,那是一个能耐心地看小豆豆为找到掉到厕所小洞中的钱包竟然拉开便池的盖子,支持小豆豆用比自己身体还高的勺子把整个便池都几乎掏空了的老师;一个能面对如此"疯狂"行为只说"弄完以后,要把这些全都放回去啊!"的老师;一个让小豆豆全身洋溢着被大人理解、信任、尊重的幸福和满足的老师,一个小豆豆确定可以真心信赖的老师。此时,我问自己:同样面对孩子们的"疯狂",能像校长先生一样平和吗?能像校长先生一样去信任与支持吗?能让孩子们的心由衷地感到满足和幸福吗?带着这样的想法,我决定看孩子们"疯狂"一次!

第一天:

凯凯用小塑料耙在木桶和小洞之间拉了一条印痕,那条印痕让伙伴们笑话了一把,

"这根本不能流水的！"话音刚落，凯凯拿来了大铲子开始像泥水匠一样深挖和铲沙，在伙伴的帮助下，一条弯弯曲曲、坑坑洼洼的水渠很快就成型了。孩子们向水渠倒水时，水向前冲了 20 ~ 30 厘米就消失了。

失败了！原本以为孩子们会一哄而散，没想到，三个孩子怔怔地站在水的印痕边上，小嘴巴开始嘟囔起来，他们到底在看什么、想什么呀？还是先问一问吧。

我微笑地问道："孩子们，在看什么？明天还来挖吗？"

凯凯粗声喊道："挖！"

（从粗声的回答中，能听出他的不甘心和坚持）

凯凯："为什么水流不过来呢？"

拉拉："沙子是吸水的。"

峰峰："水渠高高低低不平，水流不过来。"

凯凯并没有说话，而是专心地听着伙伴们各抒己见。

（看来，在发愣的时候，孩子们真的都有自己的想法）

我试探地问道："是呀，困难太多了，放弃吗？"

凯凯和伙伴们坚定地叫道："不！"

洪亮的回答声也震撼了我，它让我明白这个"疯狂"也许起始于"一时兴起"，而此时却已经变成了孩子们的目标。并且，面前的这群孩子愿意为之努力。孩子们的建构意图总是在无意和有意之间转换，转换的催化剂常常就是异想天开时面临的问题和挑战。这往往会激发出孩子的斗志，成为孩子主动探索的动力。这样好的契机，我没有理由不支持，期待看到孩子们明天的行动。

第二天：

一到沙池，凯凯急忙说道："我和妈妈讨论过了，沙子要挖到底，还有，水渠要有斜坡……"说干就干，这次，凯凯专挑水桶中的湿沙，并用铲子拍压沙子，很快就压出了一段斜坡。同时，他还"要求"拉拉和峰峰一定要把水渠中的沙挖到底。这一次，水向前流动了一米多停止了。

似乎又失败了。看得出，孩子们的脸上有了沮丧的神情。于是，我拿起手边的毛巾给凯凯、拉拉、峰峰的小脸擦了擦汗，好像这个动作起了作用，峰峰放平了翘起的嘴巴说道："没关系，看，水比上次流得远多了，就是不知道在哪里卡住了。"凯凯首先开始观察引水渠，发现里面有许多的小洞，有些地方的沙子过厚了，三个小伙伴决定明天来修渠。

一条小毛巾、一张微笑的脸、一个轻抚的动作，这些简单的行为似乎很有魔力。它让面对两次失败的孩子们焦躁的心平静了下来，感受到来自教师的关心和支持的立场。"比肩"的姿态让孩子们获得尊重和信任，引导孩子发现自己的进步，哪怕是一点点，在失败的时候尤其重要。

这一串动作和话语在当时是顺理成章的。现在想想，动作、姿态、表情、话语都是支持孩子的方式。

第三天：

一早，三个男孩用小铲、小勺、小耙开始了修补。只见他们把洞口挖得更低了，把低洼的地方用湿沙补平，邀请妮妮不断地往水渠中倒水，用水带走渠底的剩沙，以便于修补可以更加平整。40 分钟后，当一大壶水倒下时，它们顺利地流入了小洞。孩子们夺冠般地振臂吼叫。

太神奇了，小小孩子竟然懂得制造斜坡让水流过，感知到吸满水的沙子不会太多吸走经过的水，试着向家长求助来了解修建水渠的技巧。他们沉浸于游戏的快乐，执着于实践的"疯狂"。他们接受挑战，克服困难，整整三天专注地做着同一件事情，直至成功，表现出惊人的耐力。

之后的一天，因为峰峰带来的恐龙需要在山洞居住，孩子们有了一大创举 —— 恐龙山洞。这个山洞构造复杂而结实，那高高垒砌的山峰非常紧密，山下的隧道是两个男孩用小耙小心翼翼地相对挖，直至贯通而成的。看得出，这个山洞建成得益于孩子们修建引水渠时所获得的所有对沙水性质的了解以及对各种工具熟悉的经验。它是孩子们的了不起的成功！

此时，感慨万千的我想对自己说：

"疯狂"很可贵：其背后有孩子创造的智慧火花和强烈自我实现的需求。所以，我们要用关注、信任、等待、鼓励来让孩子们充分地、活跃地体验生活，勇敢地实践自己的设想，让"奇迹"有可能诞生。

"疯狂"不简单：粗声的回答中有对自我的鼓励和决定坚持下去的表达；紧锁的眉头宣告着孩子用自主思考来应对问题的能力和信心；细致的修补中有着经验的累积和思维的发展。所以，孩子们在瞬间变化的言、行、情都需要被看到，我们需要洞悉行为的背后，只有这样，我们才能在孩子们需要的时候因人而异，因事而别地做出回答，让孩子们感受被理解的快乐和尊严，才能让孩子们真的信赖和喜欢我们。

"疯狂"要支持：孩子们在沙水游戏中的建构总是从随意开始的。所以，当孩子们异想天开之时，我们要收起诧异和质疑，以开放的心态接纳孩子们的"古怪"和"胡闹"；用目光、姿态、动作来支持孩子们的探究，鼓励孩子们的"疯狂"，让孩子直觉地、自在地探索和体验，逐步形成自己对于事物的认识和对现象的解释，尝试着独立思考，探究学习，从而支持我们的孩子们在千变万化的沙水游戏中体验"奇迹"诞生的快乐！

9 会让大家看懂的

2006 年的夏天，我在一所旧城区的幼儿园里工作。有一天，"小兔子乖乖，把门儿开开，快点儿开开，我要进来……"这一耳熟能详的曲调在孩子们的游戏中传出。"小兔宝宝"们悄悄地打开一条门缝，欢呼雀跃道："妈妈回来了，妈妈回来了，快点儿开门！"当门打开的一瞬间，我的心头掠过一丝不安。第二天，我开始了调查。

这一群即将进入小学的大班幼儿，大都居住在老城区，家庭条件并不很优越。经调查后发现有双职工家庭（无老人照应）21 位，其中父母在 17：30 后到家的占 45%，父母经常加班（包括双休日）的占 27%，这些数据都说明我们的孩子在进入小学的前后都将有可能面临一个人独自在家的状况，而孩子们的心理和独立能力还不强，他们非常需要了解这方面的经验，以能自保。带着调查后被确认的担心，我问孩子们："你们喜欢一个人在家吗？"几乎是全班幼儿异口同声地回答："喜欢！"

【实在是太出乎意料了，原本以为会有孩子害怕一个人在家。】

假如一个人在家而正好有陌生人来敲门，孩子们会怎样想呢？他们会如何去解决和应对呢？我急切地希望知道孩子们的想法，于是，仔细地看起他们的画来：

方法一：不开门就是不开门　　方法二：开一点门缝看看是谁　　方法三：打电话给爸爸妈妈

方法四：一点也不出声

方法五：看陌生人的脸色，脸白的放进来，黑的不放进来，因为是坏人

　　就在我急切地想和孩子们一起讨论方法的对错之时，其他的伙伴却已经开口问道："怎么看不明白呀？你们到底用的是什么办法？"当绘制方法图的幼儿一一介绍完之后，孩子们之间爆发了争议：

　　菲菲："开一点点门缝的门不是这样的。"

　　玉淼："给爸爸妈妈打电话，怎么一点也看不出来？"

　　宇杰："什么黑脸白脸，看不懂，一点也不像的。"

　　一番点评让介绍的孩子一时无以言对，教室里一片沉默……

　　【场面有点尴尬，正题都还没有讨论，注意力都转向了画面，而且是全部转移，如果我此时硬把孩子们拉回讨论这些方法是否正确的问题上来，显然，此时的孩子们的需求不与我同步，我想——等一等。】

　　这时，我也掺和着说："既然把方法给画出来了，确实应该让别人能看懂，你们觉得呢？"

　　小怡："我们重新画，会让大家看懂的！"

　　我首先鼓起掌来，孩子们开始了修改。

　　【因为方法图不被认可，使得作画的孩子们产生了修改的需要，仔细分析孩子们想出的方法其实都是一个个的情节。孩子们面临情节绘画的挑战，要构筑一个情节，形象地表达情节中的人、事、物，孩子们行吗？我决定观察孩子们的修改。】

——打开一条缝的门怎么画？

强强和士杰的办法是"开一条门缝，看看来的人是好人还是坏人"，他们碰到了一个很大的困难：打开一条缝的门怎么画？

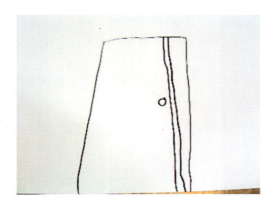

强强和士杰画的打开一条门缝的门，可是怎么看都看不出是打开的门。

感到非常为难的强强和士杰一起来到了教室门前。

强强和士杰将门打开又关上，发现打开的门从正面看过去，直线条很多。

走到门里面往下看时，发现打开的门和门框之间有一个三角形。
强强："看下面有一个三角形……"

强强和士杰在一番探索之后逐步画出的打开一条门缝的门以及打开门缝时门下的三角形。

这是孩子们经过斟酌之后，重新绘制的打开门缝的门和敲门人。

——门里、门外人一起画。

振宇和智学正在犯愁：画陌生人来敲门，门里面和门外面的人都要有，可是这该怎么画呢？

一旁的小怡走过来，拿起纸在中间画了一条长方形，说："这是门。"然后手指两边说这里画门里面的人，这里画门外面的人。

智学手指小怡画的门说："这个不是门，门不是这样的。"

小怡："是这样的，门侧面看是扁的。"说完就带智学去看门。

我："那门是侧面的，是不是里面的人也一定要是侧面的呢？"

振宇："那倒不一定，要看那个人在干什么。"

孩子们最后画出的门里、门外的布局。

——画楼梯。

小怡："惠惠你画的楼梯，有点怪。"

惠惠："没有错呀，楼梯是这个样子的。"

小怡："可是敲门的人是侧面的人不是正面的呀？"

我："小怡觉得楼梯应该怎么画呢？"

小怡："也应该是侧面的，因为你是站在一个地方看的。"

我们一起来到了楼梯口，小怡站在大厅的门口，让惠惠站在可以看到她的侧面的地方，再看楼梯的样子。

两个孩子不停地交换意见并将自己的所见画了出来。

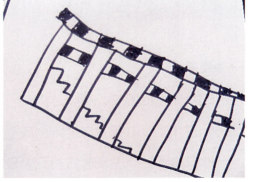

两个孩子修改后的敲门人和楼梯，我们可以清晰地看到孩子们观察后的画面构图已经统一到同一视角来表现。

——表示决心。

云皓："我们现在的方法叫'打死也不开门'，就是不管来的人说什么、怎么凶，就是不开门，打死也不开门。"

我："我听你们介绍的时候，觉得这个方法是一个非常坚定的决心，可是，看你们的图时，却感受不到这样的决心，怎么可以让别人从画面中就可以感受到不开门的决心呢？"

我的提问着实让孩子们感到为难，机灵的云皓开始寻找可以表示坚决的决心的画面，我们看他在图书角的图书中一本本地翻看着。

终于，他紧锁的眉头舒展了开来，原来，他看到一本关于葫芦娃的故事书中的葫芦娃有一张画面眉头竖立，两手撑腰，显得非常有决心，看到画面后的云皓兴奋地拿着图书给露露看，两个孩子开始了自己新的创作。

这一次，露露将画面中的女孩修改为眉头竖立，嘴角翘起，两手撑开。云皓在陌生人嘴的四周画上各种符号，代表他说各种不同的话，在女孩的头上画上一把榔头，表示打死也不开门的决心。

——五种方法的再次展示。

三天后，这些孩子的新方法图展现在了集体活动现场，孩子们边展示画面边配上自己的介绍，受到了伙伴们的热烈欢迎和接连不断的夸奖和掌声。这一刻，他们的脸上洋溢的快乐是从来没有过的。

办法一：打死也不开门
不管来的人说什么：什么爸爸妈妈的朋友呀，给你吃糖呀，送牛奶的呀，都不开门，他很凶地吓我，我也坚决不开门！

办法二：打开一条门缝看看他是好人还是坏人
判断好人和坏人的标准：看看他的腰里有没有刀、枪什么的。

办法三：打电话给妈妈
问问妈妈可不可以让陌生人进来。

办法四：一声不吭
不管陌生人说什么都不发出声音来，让他觉得家里没有人，他会走的。

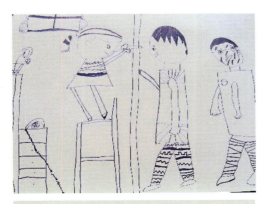

办法五：看脸色
从猫眼中看这个人的脸，脸白的是好人放他进来，脸黑的就可能是坏人，不让他进来。

孩子们为自己的成功而欢呼雀跃，三天的辛苦换来的收获让孩子们兴奋不已。

【此时，我忍不住眼眶湿润，且不说孩子们的方法和观点对与不对，孩子们努力设法学习和探索，让别人能看懂自己的方法这样的过程值得我们为他们鼓掌，送给孩子们拥抱！还记得曾经有位导师在看过我的集体教学后告诉我："一定要看到孩子们在教学现场的成长，一定要看到孩子们的成长永远不仅仅在教学中！"这一场等待，觉得好值得，因为，将自己的想法清晰地表达出来，并能让别人看得懂，是他向思维、换位思考的开始，接受了情节画的挑战，孩子们坚定而有方法，最后因方法图被同伴接纳所获得的愉悦和胜任感是孩子们未来走向自信人生的重要积累。这一段看似跑偏，但这些学习经历让孩子们收益良多。孩子们的学习值得我好好学习！】

10　年　画

瑞仕部苹果班的艺术区中，教师们在认真地观察着小班艺术欣赏"年来啦"主题活动。有的拿着手机不停地拍着，有的和正在创作的孩子们投入地交流着，如获至宝的兴奋劲儿和两周前的颓废低落形成了鲜明的对比……

两周前：

"刚才我们在苹果班观察了孩子们的创作过程，这些是他们的作品。从孩子们的作品中，大家能解读出些什么？"教研组长开始发问。

——贝贝

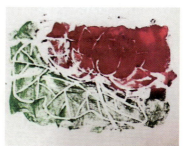

——扬扬

——格格

——可可

青年教师婕婕说："孩子们创作的作品颜色鲜艳，有浓郁的中国年味儿。但是把这些作品放在一起会发现一个问题，就是内容都是鱼啊，荷叶啊，鞭炮啊，几乎都是一样的。"

苹果班文文老师不服气："小班孩子对于中国年最感兴趣的是浓郁的色彩，所以我们依据孩子的兴趣把预设的重点放在了玩色上。考虑到小班孩子由于年龄特点的原因，自主表达的能力很有限，所以我们还预设了小班孩子可能感兴趣的中国年中富有寓意的内容形象：像鱼呀、荷花呀等等。因此把这些有关年的内容材料提供给了孩子，我们是希望他们能有自主的选择和表达的。"

捷捷老师反驳道："每个儿童的表达都是独特的，作品中应当充满着孩子的各种生活经验，但是在这些作品中我似乎没有感受到孩子们属于自己的想法。今天的现场并没有出现百人百解的状态。问题出在哪儿？是材料？还是预设？"

一直没有说过话的陶老师突然说："那么可能问题在于欣赏活动中大部分的表达表现形式是教师预设好的，可以供孩子们自己创作的材料较少，所以我认为预设可以不要。"

此话一出，教师们一片哗然！

"这怎么做？主题活动中艺术欣赏的表现形式如果一点都不预设，心里完全没底啊，我都不知道下一步该做什么了。"

"主题活动本来就是预设的，不预设欣赏点，我们老师怎么做？"

······

【教师们眉头紧皱，有的唉声叹气，有的叽叽喳喳，都表示着难度太高。可是大家心里也都明白再走老路将面临着无路可走、无法改变的现状。】

此时，教研组长苏老师决定大着胆子试一试："从现在开始摒弃所有的预设，把欣赏和表达的主动权交给孩子，让孩子'纯粹'地走进欣赏区，在活动中增加各类低结构操作材料，看看孩子们的反应。"

一时间，教师们又炸开了锅：

"这样的话，孩子想怎么玩就怎么玩？那要是把颜料弄得一塌糊涂怎么办？"

"我能想象家长回家看到孩子身上都是颜料，第二天找老师谈心、诉苦的样子。"

"孩子的表达表现手法毕竟有限，我们一点都不预设形式，孩子们会做什么？出来的作品不美怎么办？"

······

【面对教师们的不淡定，我的心里也没有底，不知道孩子们会出现什么样的反应，但是不试就没办法打破目前的困局，我决定支持大家一起走好这段大胆的尝试之路。】

就这样，"什么都不干"的我们，在苹果班的欣赏区静静地观察着孩子们的创作。三天后，兴趣区内出现了以下三幅作品：

1.《石头一家》
——石头爸爸、石头妈妈和石头宝宝们正在吃好吃的面包。

2.《长大的毛毛虫》
——小毛毛虫慢慢长大，变成了一条美人鱼，美人鱼爸爸戴了一个领结，和戴着蝴蝶结的美人鱼妈妈和美人鱼宝宝相亲相爱地在一起。

3.《红色》
——过年就是这样红红的。

当看到这些作品时我们就像看到了希望一样兴奋不已，立刻讨论了起来。

捷捷老师高兴地说："你看，孩子们对年画最初的敏感点确实是色彩，并且对这些颜色赋予了自己的生活经验，创作出了属于自己的年画故事。"

陶老师紧跟着说："在这些作品中，他们选择了颜料和太空泥，创作的作品画面好独特，作品中还有着孩子们娓娓道来的故事……"

大家都觉得孩子们对"年"好像能"三人三解""十人十解"了，但是在这些作品中又似乎缺了"年"的味道。细细琢磨，中国年除了色彩浓郁的特点外，还有其年节风俗的内容体现了浓浓的年味儿。在以上三幅作品中，孩子们对中国年风俗的表达几乎没有，所以作品中就缺了那么些味道。孩子似乎对"年"的内容不敏感。

就在大家一筹莫展的时候，一幅作品出现在了大家的视野中。

《年兽来了》
——逸逸

文文老师拿着这幅作品，激动地对大家说道："逸逸说这是黑黑的年兽下山了，看到红色的小乌龟非常害怕就逃走了。大家很高兴，所以彩虹就出现了。"

听到文文老师的阐述，教师们既惊讶又兴奋。在这幅画里，孩子把自己熟悉的小乌龟形象赋予了年兽害怕的红色，将自己的生活经验和年节风俗结合在了自己的作品里。可是孩子的作品里怎么突然有了中国年的风俗呢？细问之下才知道，原来是班级里目前正在进行《过年啦》主题，前两天班级教师讲过神话故事《年》。看，主题经验的积累能激发孩子的创作，随着主题不断地进行，"无心插柳柳成荫"了！孩子们的作品开始百花齐放，富有浓浓的年味儿了。

两周后：

——《蛋糕》

——《夕阳下的荷叶》

——《红灯笼》

——《躺着吃东西的爸爸》

——《烟花》

——《笑脸》

—— 《火锅、馒头和包子》　　　　—— 《笑脸夹心糖》

　　一时间，过年时吃的、玩的、看的，学校的、家里的，人、事、物都出现在了小班宝贝的"年画"里，靠着主题广泛的经验，孩子们建构着自己"年"的经验。孩子们的作品不再齐步走，不再一个样，充满着童真和乐趣，甚至能从画面中体会到他们自由甚至是任性的感受和表达。

　　我们总担心小班孩子在创作时会受年龄和技能的限制，可是当感受充分时，技能就不是问题，你看：《红灯笼》和《躺着吃东西的爸爸》两幅作品中，孩子用了三种方法来表现灯笼（红色手工纸剪开后围成圆形、白色毛球染成红色、餐巾纸染成红色揉成团状），从形的把握到材质的选择，孩子的能力远远超过了我们的想象。此时的孩子就如同在灵感爆发时的修拉找到了点彩、马蒂斯与对比色的相遇。以经验为底，灵感爆发时，孩子们自有技能。

孩子们值得被信任！

（共同观察者：刘岚、苏峰）

11　跳舞毯

在"我是中国人"主题活动开展中，新疆维吾尔族绚丽多彩的服饰和热情奔放的歌舞深深地吸引着孩子们。角色游戏中，孩子们选择了维吾尔族民歌《掀起你的盖头来》作为游戏场景中的结婚进行曲，欢天喜地地举办婚礼；在教室欣赏活动区里的新疆场景中自由穿戴民族服饰和做游戏，热闹非凡。在观看《掀起你的盖头来》的歌舞视频时，孩子们议论纷纷，有的说："新疆的姑娘好漂亮啊，有这么多小辫子，我也想穿上像她们一样漂亮的裙子。"有的说："他们的衣服上都是闪片和宝石。"有的说："跳舞时脖子要动的，肩膀也会动。"还饶有兴致地模仿移颈、绕腕、耸肩等动作。有的孩子对于歌曲中热烈的吆喝声特别地喜欢，跟着激动地喊着。有的孩子关注到了歌舞中男生斗舞情景："哇，你看呀，男孩在比赛跳舞，那位白衣服的跳起来多搞笑啊！"……

2018 年 11 月 26 日　角色游戏

梅宝找来香如玩"舞蹈房"游戏，她们来到材料库取了四块地垫铺在地上练起了压腿，梅宝对香如说："新疆舞你看过了吗？"香如说："姐姐的舞姿太美啦，现在我会做翻手托帽啦！"

梅宝立刻站起来："我也会，你看。"她一手翻掌举高、一手翻掌放在耳边："我还能像新疆姑娘那样跳起来呢！"

梅宝右脚迈向左脚前方，然后左脚向左侧稍后一点迈开，接着左右脚交替做，来回做动作几次，转头笑着望向香如，"我在舞蹈教室里学过哒，这叫踏点步，你会吗？"香如起身试了几次连连摇头。

梅宝拉起香如面对面说："那我来当舞蹈老师，你跟着我学。"说完，梅宝又跳了一遍踏点步，香如盯着梅宝的脚步看，尝试着迈开脚步，一会儿是出脚的前后方向搞不清楚，一会儿是左右不确定了，差一点被自己绊倒。

香如一屁股坐在地垫上说："哎，这个新疆舞步太难了，我学不会呀。"梅宝蹲下来安慰说："那我们用做标记的方法学吧！"梅宝指着教室地板说："就是像我们教室里放小椅子座位的那些圆点和黄线呀！"

梅宝和香如来到材料库，选了一卷用过的即时贴还有一块裁开折叠的纸板箱，铺在地板上。梅宝踩在两个材料上发现即时贴纸膜总是会卷起和滑动，最后她们决定用裁开的纸板箱来做跳舞踩点标记的底板，并相约明天来园计划制作。

2018 年 11 月 27 日　来园自由活动

梅宝拿了一张计划纸，开始和香如计划起制作舞步底板，香如写好日期后，画了一个长方形说："材料已经找好了。"梅宝接着画了两只脚和两个圆，说要在底板上贴脚的踩点，又涂上了蓝色和黄色后说："还要用不同颜色的纸做踩点，才能看得清楚左右脚。"香如问："那踩点贴在哪里呢？"梅宝放下笔跳起了踏点舞步："看，就是我每次脚踩到的地方，等下我的脚摆好位置，你画一下。"香如在计划中添上笔和圆把脚圈了起来："我们自由活动的时候做吧，这样角色游戏就可以玩啦！"

2018 年 11 月 27 日　上午自由活动

梅宝站在裁开的纸板箱长条上，右脚迈向左脚前方，香如就在两只脚的周围画了个圈，梅宝提醒香如："你做个标记，一个是左脚，一个是右脚。"香如用蓝色和黄色在两个圈上打了个钩。然后梅宝左脚向左侧稍后一点迈开，香如又在左脚处画了圈和勾。就这样，香如跟着梅宝左右交替着的脚步做好了舞步标记。

当香如站在纸板箱长条上，看着上面的蓝色黄色踩点，又迈不开步子了："我该往哪里走啊？没有方向！"梅宝赶紧上前指导："你看，就是原来两只脚先并拢，右脚先交叉上去，左脚点地，然后再左脚交叉上去，右脚点地呀！"看着梅宝自如地踏点步，香如说："你没有画方向，我搞不清楚。"梅宝自言自语："那我可以像画线路图那样画几个箭头。"她边说边在踩点之间画上箭头代表舞步行进的方向，"再加一个起点，两只脚并拢"。

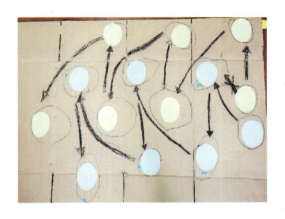

"好啦，跳舞标记做好啦！"孩子们高兴地鼓起掌来，当教师表示也想学时，香如说："蓝色是踩右脚，黄色是踩左脚，路线跟着箭头的方向哦。"教师："你们设计制作的练舞垫子很有用呢，它有名字吗？"香如："叫'跳舞毯'吧，我家里有个正方形的。"梅宝："那就叫'新疆（舞）跳舞毯'吧！"香如拍手叫好："我们的舞蹈教室里有'新疆（舞）跳舞毯'咯！"教师："今天角色游戏舞蹈房时，我可以来帮你们播放《掀起你的盖头来》。"香如："等我学会了，我要邀请大家来看。"

2018 年 11 月 27 日 角色游戏

在梅宝和香如的舞蹈房里，伴着维吾尔民族歌舞声，香如专注地根据跳舞毯踩点和方向练习着舞步，梅宝在香如身旁也反复示范踏点步，时而跟上歌曲节奏欢快地跳着，时而放慢舞步，陪着香如练习。梅宝："我来给你喊口令，就像我的舞蹈老师一样，这样才有节奏感。1234，5678，2234，5678。"香如："那你喊得慢一点，等等我。"梅宝和香如不断重复喊着口令跳了好几遍。期间，梅宝会突然加快口令节奏，令香如跳出了滑稽的动作，惹得两人哈哈大笑。

2018 年 11 月 29 日   角色游戏

经过 2 天的练习,香如的踏点舞步已经可以跟上欢快的新疆歌曲节奏了,状态也从之前的低着头不确定踩点变得轻巧起来,她昂首挺胸的样子让教师忍不住夸赞,梅宝来到舞蹈房"门口"吆喝着:"快来看新疆舞表演呀,节目马上就要开始啦!"

豆豆、点点和可可坐到了舞蹈房门口,观看起新疆舞表演来,梅宝和香如轮流在跳舞毯上双手叉腰重复跳着踏点舞步,一曲结束,观众们鼓掌,香如和美宝此时相视而笑。

回顾跳舞毯的从无到有,我一直陪伴在两个孩子的身边,不去打扰是我为两位孩子做的主要支持,让她们有充足的时间进行学习、计划、探索、讨论、练习和展示自己的学习成果。孩子们的学习是如此地自主:

自主地选择:教室里的材料库中,所有的低结构材料比如纸质类、工具类、收纳类和装饰类等都是对幼儿开放的,让幼儿可比对材料是否合适,这使得选择可以伴随不断尝试且富有思考。

自主地安排:梅宝和香如制订了跳舞毯制作计划,对制作跳舞毯的时间、方法都进行了自主安排,孩子们实施着一切时并不需要征求他人的意见,可以毫无顾虑。

自主地探索:标记的制作经历了很多次改变,在伙伴尝试和教师尝试后不断地思考和调整,探索和变化,直至问题的解决。孩子们的这个过程使得舞步的学习并不只停留在动作的模仿上,而是对舞步有了图式感,对艺术有了学习的思路。

自由地创造：当主动学习持续一段自主练习后，创造性舞蹈表达出现在了舞蹈房，香如和梅宝在舞蹈房起舞时，相互之间边讨论边创作，编排出自己的舞蹈，展现了新疆舞热闹、富有生活情趣的意境。

一切似乎水到渠成。

（共同撰写者：黄越佳、刘岚）

12 为中国运动员设计奖牌

孩子们心里的"暖红"是什么呢？

妍妍说暖红是春节家家户户门上贴的红对联，红红火火的。

贝贝说暖红是过新年的时候放的鞭炮，噼里啪啦的，热热闹闹的。

嘉嘉说暖红是妈妈结婚时身穿大红喜褂，幸福笑着的样子。

乐乐说暖红是树上结满了柿子，像"红灯笼"在枝头摇晃。

嘟嘟说暖红是五星红旗冉冉升起的那一刻，心里那种自豪的感觉。

在主题活动开展过程中，中一班的孩子们在观赏了奥运健儿夺冠后站上领奖台时的视频片段后，充满了自豪和感动，孩子们决定要为中国运动员设计奖牌，于是他们开始画起了奖牌设计图。

【片段 1：介绍自己的奖牌设计图】

一张张奖牌设计图完成了，孩子们争相介绍起自己的设计图。

多多：你看我要设计一块足球奖牌送给运动员叔叔，圆圆的，上面还有一个金色的足球。

浩浩：我的奖牌是送给第一名的运动员。

顺顺：我要做一块金牌，还要绑上红色和金色的丝带。

贝贝：我的奖牌是圆圆的，像金币巧克力一样甜蜜蜜的，运动员叔叔一定很喜欢。

【片段2：奖牌有了中国样】

　　咦，这些奖牌好像都差不多，孩子们似乎发现了奖牌设计形状单一，而且大部分都是圆形的。这时一一说："送给我们中国运动员的奖牌就应该是与众不同，和别的奖牌都不一样的，要是我们中国特有的！"于是，他们开始了讨论：8个孩子说到要有一些福字和中国结来装饰，过春节的时候每家人家都有的，妈妈过年的时候还会自己写福字呢；6个孩子提到可以用舞龙舞狮作为图案，多神气多好看呀；5个孩子说到要加入祥云图纹，因为这是我们中国很久以前就有的图案；3个孩子说到新娘结婚的时候穿的红色新娘服上那个很漂亮的凤凰鸟也可以装饰上去。于是孩子们开始分头收集起了中式图案的书籍、物品、照片、视频，"中国奖牌"开始初见雏形。

奖牌中出现了狮头、福字、中国结、祥云、五星、凤凰等十几种中式图样及元素。

奖牌的形状也逐渐丰富，甚至出现了祥云图形的奖牌。

每一个孩子将自己了解到、认知到的中式图样融入自己的奖牌设计中，奖牌中的中国元素所饱含的那种暖暖的、喜洋洋的感觉，让这些奖牌从一块块雷同的圆盘变成了充满中国味儿的个性化的奖牌，我们很高兴看到孩子们对中国元素的喜爱和接纳。

【片段 3：金灿灿的奖牌】

孩子们迫不及待地将奖牌挂在展示版面上，这些带有中国味儿的奖牌引来了伙伴们的围观，孩子们纷纷议论了起来：

妍妍：金灿灿的奖牌好闪耀，一闪一闪的。

嘟嘟：戴上奖牌的人心情一定很激动，心里一定暖暖的。

默默：可是为什么奖牌全都是金色的呀？

这时教师问道："有没有一种颜色更能代表我们中国人？"

孩子们异口同声地回答："红色。"有些孩子说"因为过年就是红红火火的"，有些孩子说："我们做很多很开心的事情也是用红色装饰的，比如结婚、生孩子"，有些孩子说："红色就是最开心，最漂亮，最幸福的。"

【片段 4：各种各样的"红"】

孩子们说我们中国人的奖牌除了要有我们中国人自己的图样，还要用最有中国特色的颜色，孩子们一致决定那就用红色吧！

可是用什么"红"呢？去哪里找红色呢？

这时大家想起在"水母教室"（创意活动室）里各种各样不同的红色，这些红色还有属于自己独特的名字：小红、朱孔阳、银朱、朱草、胭脂红、鹤顶红、唇脂……孩子们迫不及待地想把这些好看的中国红色放到自己的奖牌上去，奖牌就从原来的单一的金色变成各种各样的中国红色。

奖牌出现了红色渐变，各种红色（朱草，胭脂红等）的重叠使用。

奖牌中出现"红梅""喜鹊""神龙"等常用的红色吉祥物。

孩子们的奖牌从清一色的金灿灿变成了各种各样的红色：红色渐变奖牌，带有红色吉祥物的奖牌。孩子们为这些颜色变化的奖牌命名：鸿运当头奖牌，好运来奖牌，一飞冲天奖牌，幸福花开奖牌。奖牌中更为浓郁的中国色、中国味来自孩子们对于中国传统文化更为广泛的了解和创造性的运用，孩子们将各自美好的祝愿蕴涵其中，从颜色的变化和命名中倾注了自己对中国的理解。

【片段 5：我的奖牌有故事】

孩子们的奖牌越来越有中国味儿，每一块奖牌都寄寓着孩子设计时的初衷和内心饱含的情感。孩子们不满足于将这种情感藏在心里，迫不及待地想要向同伴介绍自己的奖牌，介绍奖牌背后的故事和寓意。这时孩子们提出了疑问，怎么样才能让更多的人了解这块独一无二的属于中国人的奖牌呢？如果来一个人介绍一次也太麻烦了。这时妍妍说："这样吧，我们把属于自己奖牌的故事用录音笔录下来，这样就能让更多的人听到了！"嘟嘟说："我们还可以录下来，制作成二维码，就像我们年红摄影展的时候一样，这样想听的人只要扫一扫就能听到属于奖牌独一无二的故事了。"

听，以下是孩子们述说的奖牌故事：

一一：我设计的奖牌叫"一飞冲天"，奖牌上面的图案有龙、五角星，还有祥云，这都是我们中国特有的图案，这些图案都代表了祝福，我要把这些祝福送给运动员，祝他们在比赛中一飞冲天，取得胜利！

嘉嘉：猜猜我的奖牌叫什么名字？没错！我的奖牌叫"牡丹花"，你们瞧！我的牡丹花奖牌漂亮吗？牡丹花是我们国家的国花，我的牡丹花用了很多种红色，每一层花瓣中的红色都代表一种不同的祝福，我希望运动员叔叔拿到这块奖牌时能感到幸福和自豪！

"牡丹花"　　　　　　　　　　　　　　　　"一飞冲天"

一个奖牌一个故事，有了故事的奖牌让每个奖牌中的中国美从"独乐乐"变为"众乐乐"，从"我觉得美"变为"我们都觉得美"，从"你的美"变为"我们都可以借鉴的美"。想必，此时，孩子们的心中也是美美的。

【片段6：看哭了】

一个个越来越"精美"且饱含了孩子们对运动员祝福的奖牌出现了……这天佑佑带来了一段运动员刘翔站上颁奖台接受奖牌的视频。

佑佑："我昨天看到这段视频时都要哭了，我觉得刘翔叔叔得到冠军的时候一定很高兴！刘翔可是第一个作为中国人获得的110米栏的冠军，刘翔叔叔可是花了很大的努力才得到这块奖牌的！"

嘉嘉："我也好想把我制作的奖牌送给运动员叔叔，我记得刘翔叔叔在得到冠军站在领奖台上时，他非常激动，把奖牌举得高高的，他一定很骄傲很自豪！"

一一："如果我能把我的'一飞冲天'奖牌送给运动员叔叔就好了！"

孩子们决定要让"运动员"将奖牌戴起来。

【片段 7：颁奖典礼开始了】

既然你们也想将自己制作的奖牌送给运动员叔叔，"那为什么不来试一试呢？"于是孩子们决定在教室里办一次运动会的颁奖典礼，颁奖典礼上会有什么环节呢？

嘉嘉："冠军国家的国旗会被安排在最高的位置。"

贝贝："颁奖时只会放冠军国家的国歌，冠军会有奖牌或者奖杯。"

佑佑："刘翔在马上要获得奖牌时，他的手是举起来的，我觉得他肯定很喜欢获得奖牌的感觉！"

吞吞："会有记者的采访，人们还会向冠军送花呢！"

佑佑和吞吞找来大型的软积木拼搭成冠军领奖台，贝贝请教师帮忙播放中华人民共和国国歌，嘉嘉将为获奖的"运动员"戴上奖牌，但就在颁奖典礼即将开始的时候，孩子们发现，颁奖仪式上必须要有一个升旗仪式……

【片段 8："横"还是"竖"】

中一班的孩子们如火如荼地找材料，定护旗手、升旗手，还有最重要也是最困难的事——怎样把国旗升起来呢？

　　妍妍："需要升旗的装置！"

　　贝贝："可是我们教室里没有这样的装置呀？"

　　妍妍："教室外面操场上就有！"

　　嘉嘉："可是视频里的国旗都是横着升上去的。"

　　在教室里左顾右盼一会儿后，孩子们带着好消息回来了："有的有的！教室的窗帘可以升降！"就这样，孩子们借着窗帘的升降装置，在教室里举行了颁奖仪式。

　　时间又过去了几天，孩子们在视频中发现了一段天安门升旗仪式的视频，他们被视频当中庄严肃穆的气氛震撼了，他们来找教师，想要一场像视频中一样震撼的升旗仪式。

　　这时，原本的"窗帘组"升旗手不同意了："颁奖的时候，国旗都是横着升上去的！和天安门升旗不一样！"几个孩子谁也说服不了谁，来找教师"断案"。

　　这时教师提议："我觉得你们都很有道理。不如你们把各自的理由告诉全班所有小朋友，让大家来投票吧！"于是，孩子们利用自由活动时间，在班级里举办了一场投票会。

"横"组认为：照着视频中的样子，横着放在窗帘上更加像。"竖"组认为：在操场上举办升旗仪式更加神气；奥运会颁奖之所以横着升国旗是为了更好地区分不同国家的名次而有高低之分，而中一班的升旗仪式只需要升中国国旗，不一定需要横着升旗。最终，在全班孩子的投票中，"竖"组以27票对"横"组的4票赢得了大家的支持。

【片段9：站上领奖台】

　　孩子们经过商量、讨论，决定在户外进行一次短跑比赛，利用学校户外操场的旗杆进行颁奖仪式中的升旗仪式。孩子们一起收集了国旗、扎带、口哨等比赛用具，在进行了一

轮轮的 PK 赛后，吞吞、佑佑、乐乐成功地进入了最终决赛，最后佑佑以全班第一的速度冲过了终点，一一为他披上了国旗，佑佑接过后，自豪地飞奔向领奖台，一一双手为佑佑递上了"一飞冲天"奖牌，佑佑自豪地向地下的观赛观众展示着由孩子们自制的奖牌，当佑佑在接受小记者采访时他说道：我现在的心情好激动，激动得我都说不出话了。看着冉冉升起的国旗，佑佑激动得有些哽咽。

从一块孩子们想要为中国运动员设计奖牌出发，我一路追随孩子经验的迁移，跟随孩子发现问题的步伐。回顾这一路走来，才发现，孩子们"自学"了中国传统文化式艺术表达元素，自创了中国传统文化式奖牌，自制了国旗升降机，自编了获奖感言！当我们认为需要让孩子们理解国旗的红色是先烈的鲜血染红时，孩子们却从奥运赛场上冉冉升起的国旗中懂得了国与家。他们极度自然地将自己的学习、探索、表达和创造融入了他们自己的游戏中，并在其中体验和感受、表达和成长着！看到孩子们望向国旗时肃穆的眼神，我也禁不住热泪盈眶，被孩子们的学习能力和情怀所感动。

（共同撰写者：陶思琼、刘岚）

13 升学冠

在进行"中国红"的"喜红"主题活动时，儿童对中国传统的喜冠兴趣浓厚，大家纷纷带来了很多的传统喜冠，游戏中争先恐后地戴上。慢慢地，这些喜冠在孩子们手中不断变化着……

玩喜冠，有那么多的发现与惊喜

"华夏复兴，衣冠先行"，中国传统喜冠的款式、颜色、花纹都极其讲究，具有保护和喜庆双重功能的红色成了特定的吉祥色。红彤彤的喜冠是孩子生活中喜闻乐见的配饰，戴起来方便，在很多特殊场合都能看到。

【片段 1：初见喜冠】

孩子们进入欣赏区，当看到这些在重要人生仪礼中的喜冠后，惊叹不已，七嘴八舌地议论起来……

可可："我最喜欢它们的颜色，红彤彤的，一看就是有喜事。"

杨洋："小宝宝戴的喜冠上是老虎的样子，而且还有金灿灿的龙。"

未未："新娘子的凤冠丁零当啷的，真漂亮，上面有一只凤凰，还有很漂亮的花朵。"

格格："我最喜欢凤冠上的流苏，如果我是新娘子，戴上一定像杨洋老师那么温柔。"

孩子们为之"着迷"了！

戴凤冠的小朋友　　　　　　　　戴虎头帽的小朋友

【片段2：研究喜冠】

孩子们通过视频、图像等途径兴致盎然地了解"喜冠"……

虎头帽组

米诺一早兴奋地奔进教室，呼唤伙伴们集合。

米诺："虎头帽组的朋友们，你们昨天回家有什么发现？"

宸宸："妈妈和我一起查阅了百度，虎头帽是孩子满月和百岁时戴的，寓意身体健康虎虎生威。所以红色的帽子上是一只老虎。"

米诺："这个资料我也查到了，我还查到了一件有点意外的事情。"

哆哆："什么事情？"

米诺："还有一种虎头帽叫五毒虎头帽，起源于山西地区，每逢端午，那里的小孩子一定要戴一戴五毒虎头帽。看，这是我带来的五毒虎头帽图片。"

虎头帽组的伙伴们把头凑在一起仔细观察起来。

看到这里，我不禁被吸引了，走过去边听边看。

米诺："五毒包括蝎子、蜥蜴、蜘蛛、蜈蚣、蟾蜍，分布在虎头的两侧。端午时节，民间普遍有喝雄黄酒、戴五色绳的说法，而在山西，人们会给小孩戴上这个'五毒虎头'帽子。他们的说法是，五毒避邪，而老虎又避五毒，小孩子戴上这个能保佑平安。"

哆哆："这好像有点'以毒攻毒'的意思。"

凤冠组：

"哇！这就是凤冠啊？太漂亮了吧！"

未未惊叹的声音响彻了整个教室，原来是米粒把妈妈结婚时用的凤冠带到了教室。

米粒得意地说："我妈妈的凤冠好看吧？"

未未："太好看了，上面是鸟的翅膀吗？"

米粒："是啊，凤冠是用凤凰作为装饰的。"

未未："为什么是用凤凰装饰而不是其他的鸟呢？"

米粒："因为凤凰是百鸟之王，在古代，戴凤冠的人就是高贵、漂亮的人，就像我妈妈一样。"

未未："哇！等我结婚，我也要戴凤冠。"有了丰富的经验，孩子们忍不住开始进行喜冠的创作。

小朋友创作的生日虎头帽

小朋友创作的五毒虎头帽

小朋友创作的凤冠　　　　　　　　　　　　小朋友创作的状元帽

孩子们创作的虎头帽上蝎子、蜥蜴、蜘蛛、蜈蚣、蟾蜍的五毒图案分布两侧，状元帽帽翅高耸，肃穆威严，凤冠上口中衔珠的凤鸟仿佛在云髻上摇曳生姿。每一个喜冠都饱含着孩子们对中式喜冠的热爱和正在内化着的经验。孩子们还发现不同的喜冠花纹不同、用色不同、穿戴的场合也不同。龙凤威仪、花叶扶疏的中式图案更是让孩子们为之着迷。追根溯源的过程，让这些中国娃彻底被底蕴深厚的喜冠所折服，从满心欢喜到爱不释手。

做升学冠，有那么美好的想象与表达

喜冠的制作热情一直延续到了摄影师来给大四班拍毕业照的那天。孩子们身穿统一服装，精神饱满，每张小脸都充满了期待，在等待拍摄的过程中孩子们开始闲聊了起来。

【片段 3：博士帽和升学冠之争】

萌萌："天天，我们的衣服都一样，真神气。"

奇奇："我们今天为什么不戴博士帽？我姐姐小学毕业就是拍博士照的。"

天天："为什么要戴博士帽？我们升学应该戴中国人的帽子。"

萌萌："生日戴虎头帽，结婚戴状元帽，没有听说过中国人升学还有专门的帽子。"

奇奇："对啊，我只听说过博士帽。"

天天一时词穷。

"博士帽"三个字引起了我们的注意，"博士帽"又称"牛津帽"，是从西方流行过来的。在海纳百川的今天，西方文化已经理所当然地被中国人接纳，甚至成为了潮流。博士帽，如今已是每个中国学生毕业时的重要标志。可是，天天的话启发了我。古人重视"入学礼"，需经过正衣冠、行拜师礼、净手净心、朱砂开智等礼节，其中的"授冠礼"是相当隆重的。显然，这样的"授冠礼"难道不比戴"博士帽"更适合中国的孩子吗？

【片段 4：发现升学冠】

于是，我悄悄地在孩子们查阅资料的 iPad 上放入了一段"授冠礼"的视频，几天后有小朋友出于好奇点开了它，教室里由此炸开了锅。

天天："哆哆，你看，这个老师在给那些学生戴帽子，戴的什么帽子？他们是在举行什么仪式吗？"

哆哆："这个帽子好特别，我也不知道他们在干什么。"

天天："我们一起去问问老师吧。"

哆哆："老师，你知道这个老师给学生戴的是什么帽吗？"

我："从很久以前开始，当学生要升入更高的学府，老师就会给学生戴上有美好祝福的帽子。"

天天："哦，所以他们是在举行毕业典礼吧？"

我："是的，这是古时候的学生升学时的一个仪式：授冠礼。"

可可："我们也要升小学了，老师老师，你可以给我们戴上那样的帽子吗？"

天天："我也想要一顶。"

哆哆："我也要我也要。"

【片段 5：制作升学冠】

越来越多的孩子加入到了想要"升学冠"的队伍中，看到孩子们如此感兴趣，我意识到这是一个推动孩子自主探索大胆表达"升学冠"的好契机。

我："你们要升入小学，老师很为你们感到高兴。但是我没有那么多带有美好祝福的帽子，这可怎么办？"

可可:"没关系老师,我们自己做。"

第二天,孩子们纷纷从家里带来做帽子的材料,由此,一场名为"升学冠"的设计和创作就此拉开了序幕。由于年红和之前喜红经验的迁移,孩子们对于"红色"是传递喜庆、祝福的吉祥色已经内化,所以在他们的升学冠上满满的都是红彤彤的颜色。而孩子们在升学冠上设计的花纹也是充满了浓浓的中国味儿:云纹、花鸟、五毒等传统图饰的创意使用,更让我惊叹不已。

一起来听听孩子们对自己进入小学的美好祝福吧!

表 3　儿童作品与介绍

	徐昕迪:我的升学冠主要用红色系物品装饰,代表"红红火火",花间的云纹代表着平安祥瑞,干花代表我一直都这么美丽、我的学习成绩永不"凋谢"!
	可可:火红的珍珠和花纹象征着我一直能漂漂亮亮,上小学之后的学习能蒸蒸日上、红红火火,前面的十颗毛球代表着十全十美!
	辰辰:你们知道吗?九是单数中最大的数字,头顶的九颗毛球是希望我以后学习也能名列前茅、天天向上!帽翅上金色的云纹象征我健健康康、吉祥如意!两边的羽毛代表我以后像羽毛一样美丽、自由!

续　表

	西西：这是我的独家女状元帽，希望我上小学以后也能像状元一样厉害！上面的云纹能让我戴上这顶帽子后吉祥如意，银色的大珍珠象征着我像珍珠一样璀璨耀眼！
	苗苗：凤凰是百鸟之王，它是祥瑞的象征，它的尾巴展开的时候像一把灵动的扇子超级漂亮，希望我升学之后一样能展翅翱翔，祥瑞之光一直照耀着我！
	乐涵：头顶的"双凤戏珠"寓意着我上小学以后要好好学习、天天向上、勇争第一，额头上垂下来的珍珠吊饰，代表我和珍珠一样珍贵、璀璨美丽！

【片段6：一场升学礼】

很快，大四班马上要迎来毕业典礼了，孩子们兴奋地为毕业典礼出谋划策着。有的在排毕业节目，有的在思考可以为幼儿园留下点什么，还有的在商量毕业典礼的服装。

哆哆："毕业典礼的服装要统一，这样才有仪式感。"

米诺："我同意。"

可可："那我们穿什么呢？"

　　天天："穿红色的汉服。红色代表喜庆,汉服是中国人的服装,毕业典礼穿汉服一定很开心很特别。"

　　哆哆："我哥哥毕业典礼穿的是灰色的西装。"

　　米诺："我舅舅家的姐姐穿的是白色的蓬蓬裙。"

　　天天："他们穿的都不是中国人的服装,中国人就要穿中国人的服装。我们不是还做了升学冠吗?汉服配上升学冠,中国人的毕业典礼就是这么红红火火。"

　　哆哆："我同意,我同意。"

　　于是,大四班的升学典礼就在孩子们的筹划下由"毕业典礼"变成了中式的"授冠礼"。孩子们互赠升学冠,并赋予了对自己或同伴升学的祝福,创意犹如雨后彩虹般璀璨夺目。"冲上云霄""一飞冲天""十全十美""平平安安"等升学冠祝福语也应运而生。孩子们兴奋地为同伴授予别具一格的"红色"升学冠,送上充满吉祥的祝福,欢欢喜喜地体会了一次升学"授冠礼"。

　　卢梭曾说过:"如果我的双脚从未在炎热的大地上奔跑,我又怎能理解酣畅淋漓的感觉?"儿童和传统文化之间,少的可能只是一个如彩虹般丰富多样的"浸润体验式"的环境。关于喜冠的视觉感知及对传统民俗风情的了解与感知不断丰富,强烈的输入让孩子的感受和经验储备到达想要"输出"的小峰值,此时,创造就汩汩而出。"升学冠"就这样让每个即将成为小学生的大班儿童跃跃欲试,情不自禁。

　　这一次,我们和孩子们一起感到骄傲,因为我们的毕业礼没有博士帽,但有"升学冠",正如孩子们所说:"我们是中国人,中国的娃!"

(共同撰写者:苏峰、刘岚)

第三章

"在观察中，学习支持你"

——活动设计案例（上）

刚开始开展集体学习活动时，我常常会"南辕北辙"，设定的目标和你们的需要、想法之间总有一段距离。于是，开始在每一次预设前观察先行，用于发现你们的选择、疑惑、兴奋和你们的专注以及你们对学习内容感受的方式，随后我看了又看，才得见原委：

你们为什么会选择马蒂斯，而放弃莫奈，原来色彩的冲击会左右你们的判断。

你们为什么会在修拉的画作前来回奔跑，开心地告诉我：老师，近看是点点，远看是一个人撑着一把伞。我知道，你们对点彩着迷了••••••

你们为什么总是要求我一遍又一遍地讲着"猜猜我有多爱你"，跟着兔子妈妈和兔子宝宝去张开双臂和攀上树顶。我知道，此时，"爱"这个话题是你们的选择。

当我"听到"和"看见"你们时，你们的选择和想法就被融入了某个主题下集体教学活动目标的制定、内容的选择以及活动的形式中，它让集体学习活动成为一次次和你们的共赴。这里的每一个教学设计都从"看见"出发，在教学中，你们的需要、我的支持、我的预设、你们的生成交织在一起，成为我们共同的目标和方向，互动互学，我们一起努力成长着。

14 当陌生人来敲门（大班）

活动领域：健康

设计思路：

有一天，"小兔子乖乖，把门儿开开，快点儿开开，我要进来……"这一耳熟能详的曲调在孩子们的游戏中传出。"小兔宝宝"们悄悄地打开一条门缝，欢呼雀跃道："妈妈回来了，妈妈回来了，快点儿开门！"当门打开的一瞬间，我的心头掠过一丝不安。第二天，我开始了调查：这一群即将进入小学的大班幼儿，大都居住在老城区，家庭条件并不很优越。双职工家庭（无老人照应）21 位，其中父母在 17：30 后到家的有 45%，父母经常加班（包括双休日）的有 27%，这些数据都说明我们的孩子在进入小学的前后都将有可能面临一个人独自在家的状况，而孩子们的心理和独立能力还不足以独立面对复杂情况，他们非常需要了解这方面的经验，以能自保。

当我问孩子们：你们喜欢一个人在家吗？几乎是全班幼儿异口同声地回答："喜欢"。但从对父母的采访中发现，几乎所有的家长都非常担心孩子一个人在家，家长们尤其不放心孩子一个人在家时有陌生人来敲门，孩子会惊慌发生意外或受骗开门危及生命安全。家长的担心和幼儿独立的需要之间呈现出一对矛盾。

小兔乖乖的故事深入孩子们的心灵，长耳朵机灵的办法深得孩子们的欣赏，在调查中三个大班都出现用长耳朵的办法的情况，但是，长耳朵的办法在现实世界中是错误的，如果孩子在真实的情景中使用的话，后果是严重的。所以，我觉得有必要帮助孩子认识故事的经验和现实的情况之间的区别，使孩子从故事中回归现实。

本次活动的关键经验是要让孩子体验到面对陌生人敲门时主要的处理方法以及增强幼儿的警惕性。难点是陌生人的情况是多变复杂的。所以，通过情景呈现可能出现的各种情况，让孩子在具体的情景中不断感悟，是非常有利于这样的经验产生和获得的。这一活动也非常适合在大班"我要上小学"的主题中实施。

活动目标：

1. 探索和发现当陌生人敲门时，可以保护自己的方法。

2. 尝试镇定、有条理地面对新状况。

活动准备：

1. 教具准备：小屋场景（道具门和桌椅），录像（家长发言和警察介绍），记录纸和笔。

2. 经验准备：儿童做过相关讨论。

活动过程：

一、呈现问题

1. 喜欢一个人在家吗？为什么？（鼓励幼儿充分展现各自的真切感受）

2. 观看爸爸妈妈关于"让孩子独自在家"问题的看法的采访录像。

3. 呈现问题：

> 这个环节，让孩子们渴望独立的意识和父母的担心直面了，孩子们没有想到，爸爸妈妈对于自己在家有这么多的担心。爸爸妈妈的担心让孩子们喜欢独自在家的热情冷静了许多，为什么大人会如此担心呢？

——爸爸妈妈为什么要这么担心"陌生人敲门"这件事呢？

——你说来敲门的陌生人会是谁呢？

引导幼儿依据经验来进行假设（推销员、抄表员、父母的朋友、坏蛋）。

综述幼儿猜测：来的可能是好人（来找人的）也可能是坏人（骗子、小偷），如果开门，可能会发生危险。

> 猜测的过程调动了孩子们所有的经验，当大家的想法在一起表达时，幼儿才发现来敲门的人的情况这样复杂。这样的过程试着引导孩子们在打开门之前先想一想，不要迅速地反应立即去开门。

——当陌生人来敲门时，你能保护自己的安全吗？

二、解决问题

> 当问到这个问题时，几乎所有的孩子都非常肯定地说自己有办法，可是……

1. 幼儿分组设计方案，并张贴方案，教师公布游戏规则：

——我们来试一试每一组的方案，然后大家一起来评安全星，觉得最安全的贴三颗星，觉得不怎么安全的贴两颗星，觉得很不安全的贴一颗星。

2. 幼儿自由结伴分组设计，教师捕捉幼儿在实验中的关键问题和重要经验进行互动。

幼儿可能使用的方案并分析：

> 用情境来实验是一个非常具象而实用的办法。它让孩子们直接能看到和体验到结果。

——看脸色和工具箱（认为好人和坏人从脸上看得出来，可引发幼儿讨论）。

——死活不开门（介绍自己用这种方法的理由以及进行实验）。

——提问（分析和判断，焦点：抄水表的人员是否让他进来）前半段实验，后半段讨论。

> 孩子们就小门中看来的人的脸色和工具箱不断地讨论着，最后决定开门，但开门的一刹那，扮演工人的老师冲入室内，这让孩子们惊吓了一下，最后，有一名男孩说道："这个办法不行，好人和坏人看脸色是看不出的。"

3. 梳理和记录师生共同获得的经验：

经过我们的三次实验，现在你觉得当陌生人敲门时，我们需要怎样做，才能保证自己的安全？

【教师需要关注幼儿在讨论时的思考。】

4. 幼儿观看警察叔叔的介绍，联系自己获得的经验，进行记忆。

【不开门、从猫眼中观察陌生人，与父母或邻居联系、在紧急情况下拨打 110。】

5. 总结和提升：今天，虽然是在做实验，但当这个我们都没有碰到过的情况发生时，大家都很镇静，不惊慌，想办法来解决。我们马上要上小学了，可能会有一个人在家的时候，如果这个时候碰上陌生人来敲门的情况，请你不要惊慌，想一想我们今天大家一起想的办法和警察叔叔的话，如果我们能保护自己，相信爸爸妈妈也会放心让我们自己在家了。

> 实践出真知啊！孩子们表现得很积极和主动，设计了不同的方法来应对"陌生人敲门"这个问题，在情境中尝试，以发现可行和不可行。最后，又统一到一种认识：不开门！警察叔叔的话就像一剂惊醒剂，让孩子们在现实世界中发现这个问题的危险，并产生害怕的感觉和保护自己的愿望。
>
> 我很庆幸自己及时地发现了孩子们会使用故事中的办法来解决现实中的问题，有时，这非常危险！

15　寻找男子汉（大班）

活动领域：健康

设计思路：

一次午间散步，突然飞来了一只小蜜蜂，孩子们一阵惊慌失措，尖叫慌乱。之后，大家发现队伍的最前面站着三个女孩和我。林林大声说："刘老师，我是女子汉！"林林的话让我发现，我们班全体男孩都躲在了女孩背后。回想起教室中的他们，有的说话忸怩、有的非常胆小、有的爱哭、有的一做错事就说是别人不好……

不止一位爸爸在与我的聊天中也表示了自己的担心，说自己的儿子被女性包围着，奶奶、妈妈、外婆、保姆都是女的，而爸爸们因为太忙没有空陪伴孩子，现在就发现自己的孩子说话做事像女孩一样敏感细腻，遇事就哭，爱生气。长此下去，孩子会不会变成"娘娘腔"？

家长的焦虑和我的担忧不谋而合，我们的男孩怎么了？由于摄入充足的营养，我们班的男孩们都长得高大结实，但与之相对应的行为举止却显得柔弱而羞怯。专家认为，男孩的性别角色意识从3岁开始建立，3—6岁是性别教育的关键时期。教育者（包括教师和父母）应从各个方面不断帮助孩子了解男孩的性别角色和学习男子汉的行为特征。我们将之理解为与男孩社会角色相对应的行为和举止。这将有利于男孩形成健康的心理和人格，为将来的社会适应奠定基础。

"寻找男子汉"活动设计，想依托寻找男子汉的行为、语言、形象、精神的过程，增强男孩对自身性别角色的了解，发现和感受"男子汉"行为，增强"阳刚之气"，推动产生未来成为男子汉的愿望。

活动目的：

1. 寻找与发现生活中的"男子汉"，了解男子汉的行为特征。

2. 愿意学做男子汉，并向往成为男子汉。

活动准备：

1. 教学录像，展示板。

2. 关于"心中的男子汉"（自己父亲、周围的男人）的资料收集。

活动过程：

一、男孩露一手，表现阳刚之气

师：今天是我们 12 位男孩和老师的聚会（没有女孩参加），我们和女孩一样吗？有什么不同？

来了这么多的客人老师，为大家露一手吧！

【鼓励幼儿大胆自信地表现自己，展示男孩的阳刚之气。】

小结：男孩和女孩就是不一样：玩的游戏不一样、说话的声音更响亮、动作更有力量、也更敢冒险……个个都有一副男子汉的模样。

师：你们知道吗？刘老师小时候的梦想也是要成为男子汉！（幼儿可能会否定）可为什么我不能成为男子汉？

小结：（出示男子汉字条以及字典）只有男孩可

> 没有女孩参加的聚会，让男孩倍感神秘和有趣，说说和女孩的不同，男孩们从身体到兴趣进行描述，不乏自豪感。

> 男孩们有的打空手道，有的翻筋斗……

> 要注重男孩特质行为的描述，加强性别角色的印象。

以成为男子汉。从你们生下的第一分钟起就决定了长大以后要成为男子汉。

二、说说男子汉，寻找"男子汉"行为

师：每个小男孩的心里都有一个男子汉的偶像，给大家介绍介绍，你心中的男子汉是谁，为什么觉得他像男子汉。（展示幼儿收集的资料）

【鼓励幼儿说出身边男子汉的行为表现，及时帮助孩子梳理出行为中的男子汉特质，并用图文呈现给孩子。】

小结：男子汉可以是爸爸，可以是哥哥，可以是爷爷，也可以是伙伴和你自己。

师：前段时间，老师和女孩们也讨论了关于男子汉的问题，她们的说法很有意思，你们想听听吗？

【男孩观看女孩的评价录像，教师注意观察男孩的表情变化。】

师：为什么我们都觉得自己像男子汉，可是女孩们却觉得我们不像，问题出在哪里呢？

【鼓励幼儿说出自己的想法，引导幼儿发现自己行为中可能存在的问题，知道自己的行为会给人留下是不是男子汉的印象。】

小结：像不像男子汉，年龄不重要、身高不重要、胖瘦不重要、长相也不重要，什么最重要？最重要的是行为。男子汉的行为是……

三、学做男子汉，激发证明自己的愿望

师：什么样的行为可以向女孩证明我们是男子汉

这个小结非常重要，再次加强角色印象和激发性别角色自豪感。

孩子们收集的基本都是身边的爸爸、哥哥、爷爷的行为，但行为背后的想法和精神却是要在互动过程中进行挖掘的，教师需要运用孩子们提供的具体事件来帮助孩子们获取行为背后的意义。

女孩们对男孩们的否定让男孩们很受"刺激"，从活动的一开始至此，男孩们始终觉得自己是棒的，可是女孩们却不认为，她们列举的行为自己似乎是有的，这让男孩们有点受挫……

又回到了前面呈现的特质版面，原来男子汉在别人心里是：说话声音洪亮的、勇敢的、会照顾人的……

呢？我们怎样才能成为男子汉？

幼儿分头记录自己需要做的事情。

【关注幼儿具体的行为表现，鼓励和支持幼儿自信、独立、力量、勇敢等具有男子气魄的行为表达。观察幼儿表达的完整性以及说话时的态度。】

四、交流和分享

小结：当我们做⋯⋯的时候，别人会觉得我们就像男子汉；所以，让人觉得像不像男子汉，还是因为你的行为表现。男子汉从今天做起！今后我们要怎样做？⋯⋯

最后，让我们用各自喜欢的男子汉方式和客人老师说再见吧！

> 嗯，改变可以从不再女里女气地说话开始。

16　长大真好（大班）

活动领域：健康

设计思路：

进入大班之后，孩子们的话题自然而然地与小学挂起钩来。他们喜欢背书包、喜欢铅笔盒，询问原因时都会响亮地回答："我长大了，要上小学了！"可是，你仔细观察就会发现：我们的孩子经常上学迟到、遗忘任务、做事拖拉……

连着带了 4 年大班，让我深深地领悟到入学准备不是一件简单的工作，而是一个贯穿整个大班生活的过程。我们需要利用好这一年为孩子做好入学的心理准备，培养孩子良好的生活和学习习惯，提高幼儿适应未来学习生活的能力。

今天的活动依托大班孩子对自身成长变化的探索兴趣，从观察身体变化入手，由浅入深地帮助孩子梳理自我，认识自我，逐步了解到成长不仅仅是身体的变化，更是心灵的"长大"，萌发幼儿的责任心和自豪感！

活动目标：

1. 发现长大的变化，体验长大的快乐和自豪。

2. 改编诗歌《长大真好》，大胆表达自己成长的变化和愿望。

活动准备：

教具准备：多媒体课件，记录纸，笔，黑板。

经验准备：和幼儿一起收集成长物品时进行相关的讨论。

活动过程：

一、观察身体，发现长大中身体的变化

请小朋友穿自己小时候的衣服和鞋子，让孩子体验自己的身体在长大过程中发生的巨大变化。

关键提问：

1. 为什么衣服和鞋子都穿不下了？

2. 是呀，我们的身体一边长大一边变，哪些地方变了呢？

【鼓励幼儿仔细观察身体，说出身体上的变化，关注幼儿对代表变化的数字的发现（鞋码、衣号、体重、身高等）。】

小结：身体长高了、衣服穿不下了……我们的身体不断变大，告诉自己长大了。

> 这个环节的设计让孩子们太高兴了，自己小时候的鞋子只够套在两个脚指头上，小衣服只能挂在脖子上，像个围兜。

> 这个看似简单的问题，却能引导幼儿来了解自己，发现自己身体的变化，这个观察过程能让孩子们体验到喜悦。

二、观察照片，发现长大的行为变化

1. 出示照片（搬轮胎、看有字的童话书、自己叠被子、给弟弟妹妹擦眼泪、把肩膀给妈妈依靠），幼儿自己观看，寻找长大的秘密。

关键提问：

老师带来了几张小伙伴的照片，每一个大人看了都说他们长大了，这是怎么回事呢？我们也去看看，找找这些照片里到底藏着什么长大的秘密。

2. 幼儿交流自己的发现。

> 这几张照片包含：能连跳 50 个绳子的幼儿、能自己叠被子的幼儿……，这些照片将引导孩子们从身体长大（外在）走向行为成长（内在）。

【鼓励幼儿大胆说出自己发现的代表长大的行为，教师注重拓展孩子相关体验和经验的表达。】

力气变大了：什么事情是你原先做不动，现在能做了的？（体会力量的变大带来的自豪）

教师在这些问题上需要做到：1. 尽量拓展，让孩子们回忆自己的已有经验；2. 及时追问，推动孩子更为强烈的体验；3. 由表及里，力气变大属于身体成长，而帮助别人就是精神成长了。

本领变多了：除了认字，你还学会了什么？（体验知识累积带来的自豪感）

独立了：你自己还会做哪些事情，不需要大人来帮忙？（体验自己的事情自己做的独立感受）

关心别人了……

3. 提升情感。

教师讲解孩子们难以解读的那张照片，讲述"肩膀"故事。

这个故事的陈述需要激发孩子明白自己有时也可以帮助父母。

关键提问：

靠在宝宝肩膀上的妈妈，心里会有什么样的感觉，她会对宝宝说什么？

小结：是呀，长大的你是妈妈心中的骄傲，妈妈的笑容让你快快长大！

三、改编诗歌《长大了》，体验自我成长的力量

幼儿欣赏诗歌。

关键提问：

1. 孩子们，长大好吗？（说说心里的感受）

教师需要借助这个问题帮助孩子们积累对成长的向往。

2. 还有什么事情是长大了以后才能做的，请你把它也加到诗歌中去！（出示语句图文格式）你编的儿歌要和我的格式一样，我们一起来念念这一句，有图片的地方可以换掉。我们每四人一组，编1、2、3、4

句都可以，但四个伙伴都要说。

【教师关注幼儿表达内容的丰富，鼓励幼儿的相互合作和支持。】

3. 幼儿分享，用动作评判和相互评价，感受创造带来的成长体验。

小结：从你们编的诗歌中，老师看到了长大是不怕困难，长大是在集体前大声表达，长大是相互支持和鼓励……长大需要有一个美好的愿望和了不起的偶像。

附：诗歌《长大真好》

从还是一粒小小的种子开始，我就想着要长大，

一天一天，我真的长大了！

从 1 岁到 7 岁，我长大了！

从 80 公分到 110 公分，我长大了！

从小米牙到漏风牙，我长大了！

从小奶娃到"小结棍"，我长大了！

原来，长大好开心呀！

……

17 今天不迟到（大班）

活动领域：健康

设计思路：

进入《我要上小学》的主题后，经常会和孩子聊起关于时间的话题。我们发现，尽管大部分的孩子都能背诵：一分钟有 60 秒……我们要珍惜时间，因为时间很宝贵等，但在日常生活中他们做事拖拖拉拉，磨磨蹭蹭。早晨，刷一次牙要呼唤六七次，洗一个脸要花去整整 15 分钟，有些孩子每天都迟到，家长们为此也感到十分头痛，都担忧地说："这个样子将来上小学怎么办？"上周二幼儿园安排的"参观小学"活动定于早晨 8：40，可 8：35 时的教室里还只有零星几个孩子。因为他们的迟到，这天我们班没能参加活动，孩子们和我都感到遗憾！

孩子对时间感知弱的特点与未来的小学生生活明确的时间管理之间形成了落差，这让我们觉得：认识时间不能仅仅是认识小时、分、秒之间的数字关系，重要的是引导我们的孩子在日常生活中逐步地获得时间意识，在充分尊重孩子的个性、习惯的前提下，尝试让他们自己来对生活做简单的时间管理，懂得守时的重要，逐步能珍惜时间。这既是孩子适应未来学习生活的重要保障，也是对孩子终身发展有益的习惯。

"今天不迟到"是引导孩子们学习时间管理过程中的一个活动设计，利用孩子们自己身上发生的事来教育孩子自己，体验因为迟到所产生的不良结果，从而逐步懂得守时的重要。

活动目标：

1. 尝试合理安排晨起时间，懂得守时的重要。

2. 能和伙伴商量，协作介绍小组的方法。

活动准备：

1. 教具准备：多媒体课件，纸和笔。

2. 经验准备：对上次没能去参观小学问题的讨论。

活动过程：

一、感知时间的无时不在

看动画感知时间的存在。

师：请大家来看动画片，好吗？（播放动画《水的故事》一分钟）猜猜刚才的动画片播放了多长时间？

小结：看来，虽然时间看不见，摸不到，但在我们每一个人的心里都有对时间的感觉。

到底看了多长时间呢？这个秘密就藏在画面里，我们一起再来看一下吧。

二、体验守时的重要

（让幼儿看周二参观小学的照片，引导幼儿在照片中发现大二、大三班的朋友。）边看边问：

1. 大二、大三班都去了，那我们大一班在哪里呢？

2. 为什么没能去参观小学？

3. 当看到其他班级的伙伴们兴高采烈、津津有味的表情时，请问，大一班小朋友，你们的心情如何？（体验迟到产生的不良结果，理解迟到有时要付出

> 和孩子一起进行关于时间的活动，是一次挑战。难在时间太抽象，难以让具体形象思维阶段的孩子所发现和体悟。通过孩子们喜欢的动画片来猜测用时，再观察动画片下的时间显示，发现时间的存在，这样就很容易进入话题。

代价）

过渡：周二早晨，等在教室门口的刘老师的心情也和你们现在一样很难受。伙伴们，看来，我们有必要找出一些能让自己遵守时间的方法来解决迟到的问题，大家同意吗？

由于孩子们的不守时产生了不能去参观的结果，看似不太好的结果却成为让孩子们学习守时重要性的一个绝好的契机了，孩子们第一次直面自己的问题。

三、尝试合理安排晨起时间

1. 教师支招：

（1）你知道我们出发的时间吗？（守时就需要先知道规定要到的时间，如 8 : 40）

（2）你几点上学的？让幼儿先在板上写上自己上学的时间，然后和大屏幕上出发的时间（8 : 40）比较，找出准时和迟到的时间。（守时就是要在规定的时间之前到）

这个比较能让孩子们明确地知道准时和迟到在时间上的分界线。

（3）8 : 30 的时候你大概在干什么？

引导幼儿排列出在来校前需要做的事情以及他们各自需要的时间。

【教师需要引导幼儿了解做每件事都需要时间，拖拉会使做事的时间变长，影响到后面安排的事情，准时就需要做事不拖拉。】

2. 伙伴支招（鼓励小组合作介绍）：

（1）（幼儿分小组进行设计）对晨起时间进行合理安排。

（2）分享交流：

——为什么大家做的事一样多，需要的时间却不一样？（习惯、速度、做事的方式）

这个问题是孩子们感到最惊讶的，竟然每个人刷牙、穿衣、用餐的时间都不一样，而且每件事情都需要用时间来完成，而后在教师的帮助下了解，用时的长短和自己的习惯、速度和方法有关。

——根据幼儿设想的方法来分析和互动，引导幼儿考虑方法与时间的关系以及方法的合理性。

3. 总结：每个人做事的习惯、速度都不一样，最重要的是要给自己留出充足的时间，避免让自己迟到！

【下一次参观小学的时间 8:00，你能准时到吗，周五早晨 8:00 我们在教室门口准时见，好吗？(教师和孩子击掌一言为定)】

> 约定，就是口头契约。遵守契约是一个人诚信的体现，这一次，教师和孩子们的约定，期待孩子们调整自己的晨起时间来遵守契约。

四、延伸活动

1. 计算和统计时间的活动：地铁快还是公共汽车快（引导孩子知道时间的快慢不是一个很简单的问题，有许多因素蕴涵在其中）

2. 通过故事《一分钟》了解迟到的多种原因。

3. 一日作息时间记录。

4. 设计春游日程安排表。

18　小球旅行记（小班）

活动领域：语言

设计思路：

图画书《骨碌骨碌骨碌》是一本十分有趣好玩的无字书。书中小球去旅行，各种姿态和动作，经历各种场景，充满想象和变化，五颜六色的小球像一群活泼的小朋友一样"骨碌骨碌骨碌"在各种地方滚动玩，仿佛能听到不同的欢乐嬉戏声。每一个人都可以用自己的声音来描绘小球的动态、感受，体会小球在不同场景中的情绪和情感。不受文字的限制，孩子们就可以充分运用创造性思维自主地体验和表达。

对小班孩子来说，书是玩具，他们喜欢在画面上寻找。《骨碌骨碌骨碌》虽然画面情节简单，但是每一幅都以不同的色块图形组合构成有趣的场景，孩子通过模拟小球滚动的声音来表达自己对画面和小球快乐、惊吓、冒险、努力等情感的体验，发现书的乐趣而最终爱上这本书。小班孩子以行动思维占主导，喜欢先做后想，并且非常喜爱模仿，看到图画书中小球快乐地滚动，他们就会忍不住跟着一起说说做做。在阅读时运用象声词来表达对小班上学期的宝贝们来说，似乎是"得心应手"的，骨碌骨碌、咚咚咚、啾啾……，每一个象声词都激发着小班宝贝的快乐细胞，他们全情投入，快乐无比，这个过程使阅读富有乐趣。

将"体验小球的情绪和乐趣"作为整个活动的重点。从画面出发，既有对图形构成的场景想象，又有对色彩表达情绪的感知；从情节出发，既有体验小球旅行的乐趣，又有体验充分冒险的乐趣。这些乐趣相互融合，孩子可以通过音乐和声音来配合儿童阅读出各种不同的、具象的快乐语言，用折叠书来直观呈现小球旅行的所有路线，让孩子们在看看、玩玩、想想、乐乐中体验和表达。

活动目标：

1. 在看看读读中，喜欢想象模仿小球在不同场景中滚动的声音，感受小球旅行的乐趣。

2. 大声表达小球的所思所乐。

活动准备：

1. 教具准备：大图书《骨碌骨碌骨碌》、绘本 PPT 等。

2. 经验准备：玩过球，对球发出的各种声音有体验并喜欢模仿。

活动过程：

一、PPT 情景导入，引起模仿小球滚动声音的兴趣

导入语：看！小球来啦！什么颜色的小球来了？

关键提问：五颜六色的小球是怎么出来的？

小结：小球都出来啦！要去旅行咯！不管去哪儿都有好长的一段路要走，小球，小球，准备好一起出发吧！（教师带领幼儿一起滚动手臂，鼓励幼儿大声地模仿声音。）

这个提问需要留给孩子们充足的时间，以便于孩子们回忆小球的动作，用不同的声音来叙述自己的记录，教师要及时梳理儿童的表达。比如：

幼：用动作或声音来表达小球咚咚咚地出来的。

师：哦，小球咚咚咚地跳了出来了。

这一过程是整个活动的基础，非常重要，它帮助儿童建立模拟声音，回忆经验，获得不同动作名称等综合的信息和经验。

此时，小班宝贝已经被带入情境，成为一只只勇敢的小球去旅行了，教师需要满怀激情地互动，帮助儿童很好地进入情境。

二、读读玩玩，尝试想象、模仿小球在不同场景中滚动的声音

1. 观察"小球上下楼梯"画面，模仿小球有节奏弹跳的声音。（第 2 页—第 3 页）

师：我们上（下）楼梯啦！（教师手指着画面上

的小球）

幼：用自己的声音来表达上楼的用力和下坡的滑动。

【教师要充分关注幼儿发出的声音与画面场景的匹配情况以及和小球在其中活动的匹配情况，并和幼儿一起用具体的声音和动作来做体验和交流。】

2. 读读想想，说说小球在由红到黑变化场景中的所想所乐。（第4页—第6页）

【引导幼儿观察感受画面颜色的变化，将幼儿的色彩经验与小球的情绪情感进行对接，并鼓励他们大胆表达】

（1）哇！来到了一个红色的世界。小球们喜欢这里吗？

关键提问：看到红红的世界你有什么样的感觉？

小结：大家都喜欢这个快乐的世界，快乐的小球滚动起来！听听谁的声音最快乐（温暖／甜蜜）。

教师引导幼儿大声地边模仿滚动声音，边表现快乐的情绪。

（2）走在越来越暗的小路上，小球们心里觉得怎么样啦？

关键提问：这么黑的路，我们怎么走？

教师引导幼儿跟着画面上的小球边慢慢模仿滚动声音，边表现小心紧张的情绪。

（3）哎呀，全黑了。这条路怎么样了？

教师指着凹凸小路，鼓励幼儿模仿小球走高高低低路的趣味声音。

孩子们模拟的小球声音就是一个"窗口"，一个便于教师知道孩子们有没有理解画面，有没有体验到小球的情绪和情感的窗口。教师需要在过程中关注儿童的表达，及时调整互动来推动儿童的想象和体验。

这是一个非常宝贵的体验点。不同于之前，这次是对色彩的体验，所以，让我们的宝贝充分地表达自己对红色的感觉哦！

走在越来越黑的路上，教师的声音会起到暗示的作用，似乎也是对于黑色的一种诠释，孩子们的神情表现出一些害怕和担心。

高高低低的路充满变化和刺激，也是幼儿模拟声音表达的一个难点，大部分的孩子是不能完整地表达出一条路上的高低变化的，教师不能追求幼儿表达得尽善尽美，应尽可能地鼓励每一个宝贝都努力尝试用声音表达出小球在高低道路上的刺激、担心、勇敢和努力！

过渡：呼！我们总算走到底了，后面还会有黑漆漆的路吗？

3. 翻翻读读，感受小球旅行的乐趣。（第 7 页—第 12 页）

【引导幼儿尝试翻页并说说玩玩小球不同的旅行场景，感受趣味和快乐。】

通道（1）上坡。

通道（2）掉下来。

【鼓励幼儿感受小球勇敢越过障碍的快乐。】

通道（3）被大风吹起。

【鼓励幼儿感受小球风中飞舞的乐趣。】

通道（4）小球滑 U 形坡。

【鼓励幼儿仔细观察理解多图形组合的画面，并感受小球滑 U 形坡的刺激。】

4. 结尾：小球到终点。（第 13 页）

小结：完成了一次漫长的旅行好开心呢！

三、自主完整欣赏阅读

教师在幼儿回忆小球旅程的同时将整本书平铺展开，最后鼓励幼儿自主选择喜欢的画面场景带着自己的小球去旅行。

关键提问：小球们都走了哪些路？

过渡：瞧，所有的路都在这儿了，你喜欢哪条路，就去玩玩走走那条路吧！

　　模拟小球在风中飞舞的过程也许是孩子们最为快乐的一个环节了，PPT 中我们将静止的画面变成了动态的画面，随着风声，"小球们"一会儿飞到这儿，一会飞到那里，尽情地体验小球的自由和快乐！

　　这个环节的推进要注重"每一个"，不同的色块图形组合能构成不同的场景；不同的色彩背景能带来不同的情绪感受；而不同空间位置还赋予小球不同的动态感受，如从高处掉下来、被大风吹起、滑过 U 形坡后有弹力地掉落前行等，每个孩子在阅读时都会产生不一样的感受，"红红的世界暖洋洋，我要骨碌骨碌骨碌骨碌"，"掉下来啦！咚、咚、咚咚咚"，"飞起来了就像降落伞，呜、呜、呜"。能发现小球在不同的场景滚动的声音，并愿意大声地表达对小班幼儿来说是具有挑战的，教师在过程中要能支持到每一个孩子。

　　教具很关键，我们将整本书制作成了长卷，并将长卷黏贴在墙上徐徐拉开，此时，长卷就是一条连绵不断的小球旅行路。图画书中所有精彩页面同时呈现，带给孩子们强烈的视觉冲击，吸引他们化身小球再一次沉入作品、驰骋想象，自由选择自己喜爱的旅途，结合生活经验模仿小球滚动的各种动作和声音来升华小球旅行中的乐趣。

19 和 99 厘米高的彼得比身高（中班）

活动领域：语言

设计思路：

升班了，中班的孩子们七嘴八舌，有的说："我长大了，不是小孩子了"；"因为爸爸妈妈说我长大了，老师说我是大孩子了"。另一些孩子却强调："我还是小孩子，因为我没有爸爸妈妈长得高呀"；"我想长大，但是先要会做很多事情"等。不少孩子还会问大人："我什么时候才长大？""我能长得像你这么高吗？"从孩子们的表述中发现孩子们对自己的认识大多是别人对自己的评价，他们对自己、对成长有很多困惑，但同时也充满了期待。

如何与中班孩子一起说说正在长大的自己呢？此时正好读到绘本《99 厘米高的彼得》，书中小男孩"彼得"从自己的视角出发，以"我知道的自己 ——我长高了，可我还是个孩子；我的困惑 ——为什么总是和大人不一样；我是小孩 ——我有自己的烦恼；我的快乐 ——我也有小孩子的快乐"为线索展开了一次自我了解、自我表达、自我欣赏的心理过程。书中的彼得有着因为够不到饼干桶、因为是个孩子一直看到的是大人的屁股的烦恼，也有在衣橱里搭房子，澡盆里当船长，桌子底下当侦探等等的快乐，彼得身上投射出的正是作为小孩子最真实、鲜活的喜怒哀乐。这使我有了让孩子们与彼得对话的想法，让他们在这一过程中一起释放情感，认识自己，喜欢自己。

基于对班里孩子发展的需要以及自己对教材价值的思考，我设计了本次活动。在设计中，孩子们的困惑、烦恼、快乐、愿望跟随着"彼得"倾泻而出。活动共分为三个环节：第一个环节主要目的是知道自己和彼得都是差不多大的孩子，在心理上与彼得产生亲近感，为之后的情感迁移做铺垫；第二个环节设计紧扣作为小孩子的烦恼与快乐，通过比较，知道自己和大人不一样，愿意说说小孩子的烦恼与快乐，从而喜欢做小孩子；第三环节设计是创造性地迁移在欣赏中获得的对于做孩子的快乐的自我抒发。而小环节中设计的"与大人比比不同""同伴讨论小孩子的开心事""为彼得的心装满快乐"这些细节则加深了孩子对烦恼与快乐的理解。最后，从"了解彼得和自己都是小孩子→体验做孩子的快乐→愿意做个快乐的小孩子"的心路历程使得孩子们勇敢地表达自己内心的感受，愉快地接受自己就是这样平凡而又特别的小孩子！这个活动非常适合在中班"身体的秘密"主题中开展，能推动孩子们对自己由表及里的成长的认知。

活动目标：

1. 说说议议做小孩的烦恼与快乐，喜欢彼得，喜欢自己是个小孩子。

2. 愿意大胆表述自己的经验和愿望，对成长有向往。

活动准备：

1. 教具准备：99 厘米的"彼得"版面、彩球、PPT。

2. 经验准备：有对自己身体成长的探索经验。

活动过程：

一、和彼得比比身高，了解彼得和自己都是小孩子

师：你们的名字我都知道，如果今天老师要用一

> 知道自己和彼得都是差不多大的小孩子。在心理上与彼得产生亲近感。

个词把所有的你们都叫到，该叫什么呢？（小孩）

过渡：今天，老师还带来了一个孩子。他是谁呢？

PPT：（录音）——嗨！我叫彼得。今天早上妈妈给我量了身高，刚好 99 厘米。妈妈说很快就 1 米了呢！

师：他叫什么名字？

师：你们喜欢他吗？他是怎么样的？

小结：彼得也是一个幼儿园中班的孩子，和你们差不多高，差不多年龄，所以你们都是小孩子。

这个提问需要给予充分的时间来让孩子们表达自己对彼得的感觉，这是孩子们与书中的彼得建立一致性联系的关键点，也是后续讨论的基础。

二、讨论彼得的烦恼与快乐，体验做小孩子的快乐

1. 知道大人有很多地方和我们不一样，我们是小孩子。

过渡：彼得的小脑袋瓜里总有好多稀奇古怪的问题，他在想些什么呢？

PPT：（录音）——可是我常常不明白，不管我怎么长妈妈还是比我高，她的手比我大，腿也比我长，怎么会这样呢？

提问：妈妈和彼得不一样，彼得是小孩，那妈妈呢？（大人）

追问：大人和小孩到底有什么不一样呢？

【教师和孩子比一比手、腿、鞋子等，推动发现大人和孩子做的事情不一样。】

教师需要在孩子们的回答中关注儿童发现事物的类别，孩子们往往会关注身体的不同，但也有孩子会关注大人和小孩做的事情的不同，如有这样的发现，教师要及时做不同类别的推动，以使幼儿更为全面地发现大人和小孩的区别。

小结：你们看，大人和小孩确实不一样，他们的身体大小不一样，做的事情也不一样。

2. 交流、感受小孩子的烦恼，体会成长的乐趣。

过渡：彼得作为一个小孩子却有很多烦恼，我们

来听听彼得的烦恼。

PPT：（录音）——哎，做小孩有时真麻烦。比如说，妈妈可以不用踩凳子就能够到碗橱上的饼干桶，而我却不行；还有还有，在大街上妈妈总是比我看得更远，而我总是被人们挤来挤去，看到的永远都是大人们的屁股。

师：我看到你们都笑了，你们因为什么事情笑了？彼得因为身高有了很多烦恼，看来小孩子真是有很多麻烦事哦！孩子们，你们有没有小孩子的烦恼呢？

这个问题犹如投石入湖，泛起涟漪。孩子们纷纷说起自己的"苦"，比如：出去玩要妈妈同意才行，大人就可以自己想出去玩就出去玩；每天要弹钢琴，不喜欢也要弹的……；不能吃冰激凌，等我长大了就可以自由自在地吃冰激凌了……从孩子们的回答会发现孩子们的心真是充满对自己的需求以及对成为大人的向往，孩子们对于这个问题的回答非常值得教师学习。

小结：老师也是第一次知道原来做小孩有这么多烦恼啊，宝贝们，你们真不容易。

PPT：（录音）——做小孩子一点都不快乐，我不想做小孩子了。（变哭脸）

师：真糟糕，彼得已经不愿意做小孩了，心都变成灰色的了。

3. 分享、体验小孩子的快乐，喜欢做小孩子。

过渡：可是你们知道吗？其实老师有时候很羡慕你们，你们想知道为什么吗？

因为只有你们才可以每天早晨到幼儿园和很多朋友一起运动做游戏，而我每天起床后就要去上班完成很多工作。

【看视频感受做小孩的快乐，喜欢自己是个小孩子。】

这一环节让孩子们感到非常惊奇，尤其是他们自己的父母说很羡慕自己，一个作为小孩的自己也能让大人羡慕，这一环节大大激发了孩子们对自己角色优越感的思考，也为后期为彼得积累小孩子的快乐体验打下基础。

师：孩子们，还有很多爸爸妈妈，他们也很羡慕你们，你们想听听吗？我们今天因为什么让大人也羡慕我们啦？他们到底羡慕我们什么呀？

小结：这样听听好像感觉做小孩很不错哦。

同伴间相互讨论。

过渡：彼得不愿意做小孩，可是我们现在发现做小孩还是很开心的，除了爸爸妈妈说的，还有一些专属于孩子们的快乐。这样吧，让我们把这些快乐一件一件说给彼得听，让彼得灰色的心里攒满快乐。

彩球记录孩子们快乐的经验。

【孩子们每对彼得说出一件快乐的事情就往彼得心中的小盒子中放入一个彩色小球，教师关注幼儿表述的不同。】

过渡：你们瞧，现在彼得的心里装满了作为小孩的幸福，这让彼得觉得做小孩原来是这么快乐。彼得现在觉得做一个小孩子还蛮不错的呢！

PPT：（录音） ——谢谢，谢谢你们告诉我这么多属于小孩子的快乐。让我也想起了我自己的快乐。瞧，在衣柜里，我最喜欢玩躲猫猫；在洗澡盆里，我就是威风凛凛的海盗船长；在饭店里，我钻进桌子底下做超级大侦探；在游乐场，我比妈妈玩得更高兴，笑得更大声。

小结：你们和彼得一样虽然都有一些烦恼，可是更多时候还是被快乐包围着，比如……。数都数不清的快乐把你们每个小孩子的心都装得满满的。

三、说说做小孩子的快乐，喜欢自己是个小孩子

师：现在觉得做小孩好不好？喜欢做小孩子吗？

> 这是一个自己非常喜欢的教具设计，竖立起来的小彼得的心中有个小小的透明盒子，每一位小朋友对彼得讲述一件小孩子的快乐事情，彼得的心中就多了一个小彩球，随着伙伴们讲述得越来越多，彩球就装满了彼得的心，这美好的过程让孩子们体验到：1. 小孩子真的有许多的快乐，从而对自己产生更多的认同感。2. 帮助彼得积攒的美好心情变得显而易见，孩子们感到自己很有力量！

现在的你们都喜欢自己是个孩子，因为你们有太多属于小孩的快乐。孩子们，现在就让我们做一件专属于小孩子的事情吧。让我们来做游戏。

【孩子们和教师一起做游戏：追球。】

小结：当然我们也不可能永远是个小孩，现在我们是小孩，未来我们是大人。老师真高兴你们现在喜欢自己是个小孩子，老师也希望将来你们会喜欢自己是一个大人。

这一过程，让孩子们对自己是个小孩产生认同，对未来自己长大充满更多的向往！

20 看，妮娜的脸（大班）

活动领域：语言

设计思路：

我们班正在开展主题活动"我要上小学"，随着主题的开展和一系列幼小衔接活动的举行，很多孩子对于上小学表现出了强烈的渴望，对小学的一切都有着非常好奇的求知欲。然而也有一部分孩子幼儿园时就已经开始在外学习英语、数学等知识，使得他们过早进入小学生活，显得对入小学兴趣乏乏。班中孩子对成为小学生有期待，也有抵抗。

就在这时，我们班做绘本出版工作的家长为孩子们送来了《淘气鬼妮娜》。书里的妮娜从刻意做个乖宝宝到故意做个淘气鬼，直至最后做她自己，就像一面镜子，成为班级里孩子内心的写照。这个绘本告诉了孩子如何正确看待和处理自己的需要和外在对自己的要求之间的关系，描绘了大多数孩子在幼小衔接中的心路历程。

对的时间遇到对的书，我决定开展此绘本的阅读活动。书中最有意思的是妮娜那张一直在变化的脸，反映了妮娜一路蜕变而来的心情和感受。于是这张一直在变化的脸，就成为了整个活动设计的主干线，带领孩子们欣赏绘本中耐人寻味的色彩、那些能说故事的画面细节等丰富的表现手法。活动共分为三个环节：第一个环节主要目的是引出绘本人物，激发幼儿欣赏妮娜脸的兴趣；第二个环节设计紧扣妮娜脸部的表情变化，让孩子体验故事的趣味性；第三个环节设计是为了和孩子一起梳理绘本，欣赏和感受绘本表现手法的多样。

活动目标：

1. 观察妮娜脸部的表情变化，体验故事的有趣，欣赏妮娜能做自己的选择。

2. 细心观察，体验绘本表现人物手法的丰富。

活动准备：

1. 教具准备：PPT，幼儿照片展板两块。

2. 经验准备：幼儿有前期阅读《淘气鬼妮娜》的经验。

活动过程：

一、看封页，引发观察妮娜"脸"的兴趣

瞧，她是谁？从她的脸上能看出淘气吗？（PPT1）

【嘴角坏坏的笑，机灵的笑，眼珠在转……】

师：是的，妮娜的嘴、眼睛和她的动作都告诉了我们，妮娜是一个十足可爱的淘气鬼。

二、看妮娜的"脸"，体验故事变化的有趣

1. PPT2（截取完美妮娜这一页中妮娜的形象）。

师：那这个画面上的妮娜是个怎样的小孩？（完美的）

师：完美的妮娜看上去给人的感觉是怎样的？（下巴抬得高高的，嘴角微微地笑，眼睛闭着很自信的样子）

师：是的，妮娜很完美，人人都说："妮娜，你太棒了！"完美的妮娜到底做了哪些完美的事情呢？（画画很好，唱歌很好听，睡觉乖，孩子们回答的同

> 一个非常好的推动儿童观察能力提升的提问，随着问题孩子们发现了妮娜嘴边坏坏的笑、眼珠的转动以及偷偷从门后露出的头，既发现着妮娜的淘气也发现着妮娜的有趣，感受着图画书刻画人物的多样手法。

时教师呈现具体的PPT）

师：可是完美的妮娜高兴吗？看看妮娜的脸，再看看整个画面。（PPT3：放大完美妮娜整个画面，加音乐）（不是太高兴）

师：你是怎么看出来的？（妮娜的脸好像不是太高兴；旁边小动物的脸也不高兴；整个画面不是用鲜艳的红色或者嫩嫩的绿色来画，而是用褐黄色这样暗暗的颜色来画，好像在表达妮娜不太高兴；周围的树叶都是往下掉的，所以感觉妮娜不开心。）

> 完美的妮娜竟然会不高兴，这个话题太有冲击力了，有趣的是，显示不高兴的地方除了妮娜的脸还有很多很多，甚至是颜色和掉落的树叶，这个观察很有意思，丰富了儿童阅读的经验。

师：画面上的颜色、小动物、那些不断飘落的树叶以及妮娜的脸都让我们觉得完美的妮娜好像并不是那么快乐。孩子们，你是不是也会有和妮娜一样的感觉呢？

2. PPT4。

过渡：和你们一样，一直追求完美的生活，让妮娜觉得很无趣。她想试试做一个捣蛋鬼，一个厚脸皮的捣蛋鬼，从早上一睁开眼就开始恶作剧。她要成为淘气大王。

3. PPT5。

师：看，妮娜的脸。你们能说说从妮娜脸上看到的感觉和心情吗？（疯狂、酷、爽、放肆、发泄、舒服、有趣、快乐等）

师：哦！看来做淘气鬼的感觉只有一个字，那就是"爽"！

4. PPT6。

师：是的，淘气鬼妮娜"爽"了，她身边却出现了好几张"不爽"的脸。瞧！请你也用不同的词语来说说从他们脸上看到的感觉和表情。（惊讶、无奈、没办法、生气、愤怒、不满意、指责、歇斯底里）

5. PPT7。

师：看来妮娜成为淘气鬼后，从其他人的脸上，我们看到了周围人的不满意。于是，我们看到了这样一张没有脸的画面。这个时候，妮娜的心情是怎样的？（生气，悲伤的）

师：奇怪了，看不到妮娜的脸，你是怎么知道的？

【教师需要不断地鼓励儿童观察画面的细节。】

师：我觉得这里有两个了不起的人，一个是你们，你们竟然能够看到一张看不到的脸，从小动物的脸，大人的影子，这些细节想到了一张看不到的脸。还有一个人很了不起，那就是画这本绘本的画家：安娜·劳拉坎托内（画家的 PPT），她竟然可以不画脸，也能让你看到脸，虽然她只画了妮娜快速奔跑的双脚，却让你好像看到了妮娜那张伤心的脸，让说故事的不仅仅是文字，更可以是画面。

6. PPT8。

师：于是，妮娜躺在了床上，对自己说了很多话？说了什么呢？请你和好朋友们一起讨论讨论，然后试着来做做这时的妮娜。（幼儿小组讨论并上前表演）

三、和妮娜一起做选择，大胆表现完美的自己

1. PPT9。

师：正如你们表演的那样，妮娜经过了一番思考

妮娜成为淘气大王的"爽"与周围人表情的"不爽"形成了鲜明的对比。鼓励孩子用词语来表达妮娜的爽和周围人的不爽，既是对观察的挑战也是对语言经验的挑战，孩子们的好词层出不穷，令人赞叹。

用词语来总结自己的观察结果可以让孩子们锁定自己的意图而不是泛泛而谈。

一张没有妮娜脸的画面，却要看到妮娜的心情，无疑对孩子们阅读画面形成了挑战，他们开始一点点地看画面的每一个细节，慢慢地挖掘出那些细节：小动物的脸都是很伤心的，爸爸妈妈指责的影子，小动物的尾巴耷拉在楼梯上，妮娜快速往楼上奔跑好像要逃离这个充满指责的房间。

我认为，这段总结非常重要，阅读能力的提升是经验的堆叠，从画面反映的细节和要素来推测人物的情感，是一次有质量的阅读经验推动，孩子们的努力需要得到及时的鼓励和支持。认识作者也是阅读的内容，因为作者有风格，就像写作一样，好的图画书作者应该让孩子们有接触到的可能。

此处的小剧情表演，让孩子们对书中隐藏的人物情感变化有了想象和表达的空间。

和选择。于是，她每天帮忙做家务，她在学校里表现得十分出色，她总是记得对艾米莉姨妈彬彬有礼。妮娜不再刻意做个乖宝宝，或者故意做个淘气鬼，她只要做妮娜，做她自己。孩子们，妮娜选择好了，你们选择好了吗？你选择做怎样的孩子？

2. 说说完美的自己

师：其实，一个完美的小孩会做让大家感觉很舒服的事情，也会做让自己感觉很舒服的事情，两者合起来才是一个完美的小孩。既然你已经做好了选择，也知道自己需要做什么和可以做什么事，有人想上来说说吗？（请两三个孩子上前来说）现在你可以去告诉你的伙伴、老师或者是后面的客人老师，回家以后也可以告诉爸爸妈妈。

> 从妮娜那里学习要做自己，做让别人舒服且自己也舒服的事情，对自己有认同，看似复杂的心理活动却可以让孩子有良好的自我体验。

21   什么都会变（小班）

活动领域：科学

设计思路：

《到底是哪个》一书让我们惊奇和赞叹，呈现了生活中的变化。有时动作会变，有时样子会变，有时数量会变，有时表里会变，有时变化的是看问题的角度，小图书里藏着万物会变的大道理。"哪个呢？""到底是哪个呢？"这带有辩证的两句话贯穿着全书，成为书的节奏，让读者按捺不住"会变吗？会变成什么？"的好奇心，迫不及待地向后翻阅。一本书让小班孩子不忍离开，"一会儿是这样了，一会儿又是那样了""这个变，那个也会变"……小嘴巴叽叽喳喳地表达着自己的好奇。在翻看时，他们专注地盯着画面，苹果和穿山甲哪个圆？白鹅和孔雀哪个大？蛇和蚂蚁哪个长？随着页面的变化充满着疑惑和出人意料，而这变化中的"新发现"也不断地激发小班孩子不断地发现、思考和尝试。本次活动由发现"变"→感受和体会"变"→尝试"变"为线索展开活动，以书为载体，让幼儿感受各种"变"的状态和现象，拓展和尝试"变"的不同视角，从而辩证、主动、变通地认识世界中的事物。

活动目标：

发现事物会变，感受"变"的乐趣，愿意尝试让事物变一下。

活动准备：

1. 教具准备：大图书《到底是哪个》，各种物品（如：伞、扇子、弹簧圈玩具、套娃、橘子、消毒纸巾等）。

2. 经验准备：幼儿认识一些动物及观察过一些动物的身体变化和生活习性。

活动过程：

一、看看说说，感受书中"变"的乐趣

1. 导入语：嗨，宝贝们，今天老师带了一本"什么都会变"的书。想看吗？

2. 观察画面1—6，在比对中察觉事物变了。

(1) 哪个是圆的？到底哪个是圆的？（苹果、穿山甲）

(2) 哪个更大？到底哪个更大？（白鹅、孔雀）

(3) 哪个更长？到底哪个更长？（蛇、蚂蚁）

3. 观察画面7—10，对事物变化的原因感到好奇。

(1) 哪个更快？到底哪个更快？（小狗、蜗牛）

(2) 刚才不是小狗快吗？

(3) 教师小结：变了变了，刚才蜗牛慢慢爬，现在下坡滚得快，骨碌骨碌骨碌。

(4) 哪个是红的？到底哪个是红的？（苹果、西瓜）

(5) 真有意思，刚才苹果是红的，现在西瓜是红的，怎么回事儿呀？

(6) 教师小结：变了变了，切一下，里面外面不一样。

二、读读想想，发现书中什么都会变

1. 喜欢吗？什么地方最好玩？想再看一遍吗？

这本书有变的节奏，前三个页面带着小班宝贝阅读时，需要放慢一点速度，突出变化的一点，让孩子们感觉到变的存在。

轻快地阅读，富有节律感的问句："哪个是？到底哪个是？"一下子就调动起小班孩子对书中事物变化的浓厚兴趣。孩子们似乎在阅读中察觉了什么，但又不是很清楚，每一个答案的出乎意料，让孩子们充满了希望再次阅读的渴望。

刚才不是小狗跑得快吗？刚才不是苹果是红的吗？当这两个问题问到时，你会发现宝贝们睁大了眼睛在想，然后慢慢地说出：蜗牛钻进壳里了、苹果切开来了。哈哈，从现象到原因，小班孩子们被推动着思考。

2. 哪个是圆的？

（1）苹果会变吗？怎么变？

（2）变了变了，苹果吃完了，样子变了。

（3）那穿山甲的样子会变吗？

（4）团一团，穿山甲的样子也变了。

（5）现在，到底哪个是圆的？

3. 哪个更大？

（1）孔雀能变大吗？怎么变？

（2）变了变了，孔雀开屏变得更大更美了。

（3）现在，到底哪个更大呢？哇，大白鹅张大嘴巴说什么？

4. 哪个更长？

（1）蛇很得意哦！可蚂蚁这么小，能变得比蛇长吗？

【在互动时教师需关注幼儿对合作和互助的情绪调动。】

（2）很多很多蚂蚁排成队，看上去比蛇长好多，哇！这下蛇张大了嘴巴说什么？

5. 师生小结：这本书真有趣，什么会变？

【教师由孩子的回答来梳理变的类型，（样子、动作等）变了就会不一样。"变一变"有趣吗？】

三、玩玩试试，尝试让事物变一下

1. 玩游戏，尝试迁移和运用从书中获得的变的经验。

游戏一：哪个更高？（教师与幼儿比身高）

苹果变是因为被啃咬了，和孩子们一起来啃苹果，啊呜啊呜，教师不妨夸张一些，这样孩子们发现在自己啃咬后，苹果的样子真的变了。

穿山甲会将身体团起来，可以让孩子们来模仿和体验一下，让孩子们有机会体察到形态的变化与动物的生活习性有关系，而且很有趣。

可以让孩子们用自己的办法让孔雀开屏，在过程中了解孔雀的生活习性。

这是一个非常有趣和有意义的话题，因为小蚂蚁是不可能比蛇长的，但许多小蚂蚁排队就会看上去比蛇长，叫来小蚂蚁、大家排排队，咦，看上去比蛇长了。这次变化，让孩子们体会到很多，比如：帮助、团结……

小班孩子以具象思维为主，第一遍看时，能感觉到变化却无法觉察到现象背后所有事物存在变的可能性，第二遍看苹果和穿山甲时，他们会忽略之前看到过的变化，仍然习惯主导地说苹果是圆的，因此我们对原书进行了改编，在第二遍阅读时将事物动态变的过程直观呈现。

这里有三个游戏，从和教师比身高—比人数多少—比衣服的大小，三个游戏由我及他，从身高变化到物品变化，难度在一点点地提升，游戏感很浓，让孩子们有继续挑战自己经验的动力。

你能变得比老师高吗？

【教师需要关注儿童的想法是否一直在变化和突破，并鼓励和支持儿童实践所有的想法。】

现在，到底哪个更高？

【为幼儿鼓掌，赞赏儿童坚持尝试后的成功。】

游戏二：哪个更多？（教师邀请幼儿上来，形成人数多与少两组）

你们能比老师这组人多吗？

【教师观察儿童思维的变通性和反应的速度，并给予儿童的尝试以情感的支持，及时表示惊讶和赞叹。】

现在，到底哪个更多？

游戏三：哪个更大（教师用自己的外套和孩子的外套比较）

这下你的衣服没有办法比我大了吧？

【鼓励幼儿继续思考和尝试，尝试改变解决问题的角度。】

现在，到底哪个更大？

2. 玩玩变变，积累生活中各类事物能变化的经验。

让幼儿尝试摆弄各种物件，发现和试图改变事物，积累相关经验和体验。

孩子们好有趣，有的让小伙伴跳起来，有的搬来椅子让伙伴站高，在一直尝试还不行时，有的孩子要求教师蹲下（非常珍惜这个办法，因为他们从要求伙伴变改为要求教师变，在思维路径上有变化，值得鼓励）。

真是不能小看小班宝贝，一下子就都上来站在人少的一组了，当教师发现自己这组人少的时候，立刻表达了需求，孩子们又都跑向了教师，这多变少，少变多的过程非常有趣。也使教师和孩子们亲密地在一起。

这个游戏对于小班孩子来讲，有点难，难在相关经验少，所以选择的衣服最好是那些可以折叠成很小放在袋子里的防晒衣。教师需要等待孩子们，并用收衣服的袋子来作为启示推动思考。

孩子们尝试很多，比如将衣服尽量地展开和折起教师的防晒衣。

设计意图：对小班幼儿来讲，从书中获得的变的节奏很有趣很神奇。延伸开来就是什么都会变，变一变结果会不一样。将这样的节奏和发现迁移出来，解决小问题，运用一下前期获得的经验，使得发现逐步变成自身的一种经验，是一个愉快的过程。

22　为什么（大班）

活动领域：科学

设计思路：

借助"动物大世界"这个主题活动实施来帮助幼儿了解常见动物的特点及其与周围环境的关系，激发孩子们进一步探索动物生活习性的愿望。同时，促使孩子对动物奇特的现象和特殊本领感到好奇，体验探索动物世界的乐趣。围绕这样的一个主题核心价值，我们遇到了图画书《为什么》，风趣幽默的动物形象，直指特征的提问以及离奇而充满想象的回答都使大班孩子很快爱上了这本书，爱上了书里的动物。

书中出现的动物都是孩子们已经有所认识的，对于这些动物的样子孩子们非常熟悉。长颈鹿的脖子为什么这样长？蜗牛为什么背着"房子"走？骆驼的背上为什么要有驼峰？……当看到这些从动物特征角度出发提出的问题时，孩子们才发现自己原来不知道问题的答案。同时，书中收集的来自同龄伙伴的荒诞回答使孩子们在哈哈大笑之余对探究问题的真实答案产生了浓厚的兴趣。孩子们的好奇心被激发，敢于质疑现象的意识被引发。

但作者并没有忘记孩子的求知不能止于荒诞。在每一个问题页面的右下角星号后都有着详尽、规范的问题答案。这些文字在页面上显得规整、严谨，与其他部分的表述风格形成了明显的对比。似乎在提醒阅读的孩子在好玩之余我们还应该或更为重要的是去探索和找到问题的真实答案。《为什么》巧妙地通过一个个的问题呈现以及规范的科学答案，让孩子在一一解决问题的过程中积淀动物特征与环境之间存在联系的感受和理解。问题解答的视角本身有利于推进幼儿思维逻辑的发展,为教学不停顿地把儿童的思维从一个水平引导到另一个新的更高的水平提供了实施的支架。

在观察幼儿学习方式的基础上我们设计了本次教学。从感兴趣的内容进入的方式让孩子从自己喜欢的问题开始探究;通过问题的整体呈现帮助幼儿梳理和巩固对动物外形特征的认识;借助探究的过程积淀对动物进化与生存环境有关的感知;凭借归纳图版来将孩子们的思考引向深入。活动除关注知识的巩固和更新外,更关注幼儿思维品质的提升以及科学精神的培养。

活动目标:

1. 梳理和巩固对动物外形特征的认识,理解它们对动物生存的意义。

2. 喜欢探究,愿意问为什么。

活动准备:

1. 小图书、大图书、问题板、短视频等。

2. 在主题中有对常见动物外形特征的了解和探索经验;自主阅读过这本书。

活动过程:

一、找找"为什么"

1. (出示图书)孩子们,还记得这本书吗?名字叫《为什么》,里面藏着一些关于动物的问题,我们看看,书里到底问了哪些为什么,好吗?

2. 说出自己找到的"为什么"(教师根据孩子的记忆来出示动物,并将问题陈列),把你找到的问题说给大家听听!

二、想想"为什么"

1. 想想、议议"为什么"。

孩子们,在这些问题中,你知道哪个问题的答案,想来告诉大家的?

预设可能的讨论路径:

> 虽然是一本书,但我们选择了开放的学习方式,孩子们可以挑选自己感兴趣的动物和问题开始学习,这无疑给教师形成了很大的挑战,在这个教案中,我第一次尝试了预设儿童可能进入的路径,跟随儿童的兴趣和需要前行而不是牵着儿童往前走。这次尝试愉快而冒险。

路径一：长颈鹿、大象。

问题一：为什么长颈鹿有那么长的脖子？

【鼓励幼儿大胆说出不同的答案，如幼儿能说出长颈鹿的脖子长的正确理由时，可以看科学家爷爷的答案，引发孩子进一步探索的兴趣。】

问题二：为什么大象的鼻子那么长？

大象有嘴巴，为什么还需要用鼻子来吃树上的香蕉和喝地上的水？

【引导幼儿通过观察图片发现大象脖子短、腿粗短的特点。】

体验：如果没有那根长鼻子，大象会面临什么？

> 让孩子们模拟大象用四肢在地上爬行，同时需要抬头吃香蕉，由于沉重的身体，大象难以吃到树上的果实，但在鼻子的帮助下，一切问题迎刃而解，这次体验让孩子们感觉到动物的外形与他们的生存需要有关。

【让孩子们学做大象，尝试没有鼻子来摘树上的香蕉。从而体会长鼻子对于大象的重要性。】

大象会用这根灵巧的鼻子做什么？

【鼓励幼儿说出大象多用途地使用鼻子。】

过渡问题：在这里，还有谁也像长颈鹿／大象一样，长得奇特的外形是为了吃到食物，不饿肚子？

路径二：斑马。

问题一：为什么斑马要有黑白条纹？

【鼓励幼儿大胆说出答案。】

问题二：（邀请孩子们看斑马在草原上生活的照片）黑白色在草原上是那样地明显，怎么能保护自己呢？（引导幼儿讨论分析）让孩子谈谈自己盯着看斑马的花纹后的感觉。

体验：秘密就在斑马那独特的花纹上。我们来

> 儿童对此问题的回答一般会有两类，一类是自己想象的，用自己各种零星经验拼凑起来，往往不科学，但教师需看到这些答非所问背后的儿童主动思考。教师需珍惜，谨慎对待，不能因为答案是错误的就轻易地否定儿童，那会使儿童主动举手的次数越来越少。第二类就是儿童具有相关的经验，能准确地说出答案，教师往往非常高兴而忽略儿童获得这些答案的经验是值得分享的这一点。

做狮子吧，草原上烈日当头，在旁边紧盯不舍的狮子目不转睛地看着成群奔跑的斑马群时会发生什么事？

【鼓励幼儿大胆想象狮子的各种状况。】

小结及过渡：用皮毛的颜色来保护自己真是聪明的办法，像这样用自己身体的一部分来保护自己的动物还有谁？

几乎在进入每一个问题后，都设计了这样的扩展问题。

路径三：蜗牛。

问题一：为什么蜗牛身上要背座大房子？

【鼓励幼儿大胆说出自己的答案，并出示科学家的图片来完善答案。】

问题二：看来背着走的房子真是个好东西，好东西要拿来跟大家分享，把"房子"给谁呢？送给狮子、送给长颈鹿……

这个设疑吸引了孩子们，把蜗牛的房子送给其他动物，太有趣了，但一圈送下来才发现，这个房子只适合蜗牛，因为蜗牛小、软、没有脚……，这个设疑具有逆向思维的特质，对儿童考虑问题的合理性很有价值。

【让幼儿自由选择动物背"房子"，并尝试考虑合理性。】

问题三：狮子很凶猛不需要房子保护；长颈鹿个子很大也不需要房子保护；为什么唯独蜗牛离不开这坚硬的小壳呢？（个子小、身体软）

问题四：还有哪些软体动物也是用背着壳来保护自己的？

路径四：骆驼。

问题一：为什么骆驼背上要有驼峰？

【看视频验证答案。】

问题二：那里面藏了什么？能用多长时间？

【鼓励幼儿通过观看视频，了解并记忆。】

2. 梳理小结"为什么"的原因。

教师呈现梳理板：边出示 6 种动物的外形特征边进行梳理和总结——每一种动物都有奇特的外形：有的有长长的鼻子，有的有长长的脖子，这是为了什么？（吃到食物）；有的有坚硬的外壳，有的有刺眼的皮毛，有的有威风的鬃毛，都是为了什么？（保护自己）；有的有奇怪的驼峰，是为了什么？（适应环境）

吃到食物、保护自己不受伤害、适应自己生活的环境，才能怎么样？（生存）

三、看看"为什么"

孩子们，这本"为什么"里还有很多你知道或者还不知道的"为什么"，还有许多你想知道的问题的答案，我们回教室再去找找问题，看看答案，好吗？

梳理版面其实是思维导图：用孩子们看得懂的图示的方式将动物的外形作用分类，明白动物外形能帮助自己吃到食物、能保护自己、能适应环境，最终能让自己生存下来。

23 《大碗岛的星期天下午》（大班）

活动领域：艺术

设计思路：

《大碗岛的星期天下午》是法国画家及新印象画派（点彩派）的创始人修拉于 1884 年到 1886 年期间创作的一幅油画。描写的是巴黎附近奥尼埃的大碗岛上一个晴朗的日子，游人们在阳光下聚集在河滨的树林间休息的情境。这幅作品称得上是修拉的色彩科学实验中的经典作品，画面鲜艳、明亮、立体。他所用的点彩绘画是一种很有意思的画法，赤橙黄绿青蓝紫等各种小色点被仔细地排放在一起。在一定距离观看时，颜色会在视网膜上自行混合，展现出强烈鲜艳的色彩。看修拉的画感觉很朦胧，好像人、静物、景物都置身于一个虚幻的世界中。远看整体感强，走近看，又发现了更多色彩，整个画面生动、柔和细腻而富有变化。

就是被这样的变化吸引，就是受强烈而饱满的色彩感所刺激，大班的孩子们围坐在这幅画作前津津乐道而难以离去。孩子们忍不住用手去触摸画面并说道："画里竟然有 40 个人，每个人的样子都不一样！"；"怎么会有那么多的颜料点？"；"那树和我们平时涂的不一样，它看上去很立体的！"；"蓝紫色的裤子上怎么会有粉红色的点？"；"我好想玩玩点彩呀！"……惊奇、发现、感叹、观察的兴趣和尝试的冲动都在此时萌发，之后区域活动中的水彩区热闹了起来，孩子们用水彩笔、蔬菜头、棉签尝试起了点彩。孩子们的行为告诉我，他们喜欢这幅画，尤其是这幅画的表达形式 ——点彩。孩子们对色彩的丰富变化充满好奇，急于探索和发现。好，那就顺着他们的兴趣和需要一起走进点彩，走近修拉。活动中通过色点放大观察，引发孩子们发现点彩的画法产生的视网膜调和作用；通过平涂与点彩的树之美的比较，发现点彩画法的美感；通过自己点画来体验点彩的艰辛不易。孩子们在观察、比较、尝试中感受和体会点彩的独特美，初步了解修拉的艺术风格。我们想借助这样一幅有着独特画法的作品来提升幼儿阅读名画的兴趣，培育发现的眼光，体会作品的情感，积累感受经验。

活动目标：

1. 欣赏作品，发现和感受点彩画法的独特美（细腻、丰富、立体等）。

2. 喜欢修拉的点彩画，感受画家的创作和不易，积累经验并愿意尝试和表达。

活动准备：

1. 教具准备：按原作比例缩放的大小不同的《大碗岛的星期天下午》作品三幅（其中一幅与原作大小相同）、修拉的人物及作品介绍课件、欣赏配乐、点彩透明插片、画纸、颜料、棉签等。

2. 经验准备：低结构活动中放置画作，鼓励幼儿观察，并和幼儿讨论。

活动过程：

一、整体感受，发现独特的点彩

（一）回忆作品

1. 大家还记得这幅画吗？这幅作品有什么地方是独特的？（有的幼儿说："它的颜色很特别，色彩很鲜艳。"有的幼儿说："充满阳光，给人暖暖的感觉。"有的幼儿说："这幅画是我看到的人最多的一幅画，而且每一个人的样子、衣服、做的动作都不一样。"更有幼儿说："这幅画上有许多颜料的点，很多很多，其他的画里没有这样的点。"）

> 发现画作的独特对于每个孩子来讲真的是"独特"的，没有一个孩子看画的习惯、角度是一样的，这种对儿童观察、理解独特性的发现使我在设计教学中努力实现每一个提问的开放性，以便于让每一个孩子的"独特"能有表达出来的可能。

2. 真的是这样吗？《大碗岛的星期天下午》整幅画都是由一个一个的点构成的吗？让我们一起去仔细地找一找，看看，整个画面是不是都布满了颜色点？（幼儿随音乐听赏一分半钟，自由更换各种角度来赏画和讨论。）

（二）幼儿赏画

1. 有没有找到呢？那些点在哪里？（有的幼儿说在裙子里、有的说在草地里、有的说在树叶中……）

2. 甚至是白色的裙子和波光粼粼的湖面也都是由颜色点画成的吗？（幼儿颇为肯定地回答：是的。）

3. 此时，教师小结说："这些点真的无处不在，整幅画都是由点构成的。"

二、观察尝试，感受点彩之美

（一）发现点彩用色的丰富

1. （出示色块图）看看，这是什么？上面布满了什么颜色的点？（幼儿纷纷说道：白色的、粉色的、褐色的、蓝色的、紫色的、黑色的……）

2. 这些点就是来自《大碗岛的星期天下午》的某一块颜色放大，我们来找找看，这到底是哪一块颜色呢？（幼儿拿着放大镜去观察作品，并将色块图放在作品的不同部位比对。孩子们发现作品中的女士的蓬蓬裙和叼烟斗人的裤子颜色是最接近色块的。）

3. 孩子们和教师一起从远处看，发现裤子是蓝紫色的，可走近一看，上面布满了数十种的颜色点。教师小结道："裤子远远地看去是很有立体感的蓝紫色，

你会发现儿童在自由观赏的时候，会从和自己身高相对的画作区域开始看，如果你不提醒他上上下下，左左右右地去看，或者退后一点观察，儿童往往观察的只是画作的局部。

一分半钟的配乐欣赏让孩子们有足够的时间去验证那个充满惊奇的问题：是不是整幅画都由点来构成。然后，孩子们证实了自己的想法，也惊叹于这样一幅由细小圆点构成的巨作产生的震撼。

这一次，我和孩子们一起在教室里来回跑了两次，近看看，远看看，这奔跑的乐趣夹杂着发现，近看密密麻麻的点，远看竟然能成型，这种变化也吸引了孩子不断尝试着来回跑着看，体验着让眼睛调和色彩点的乐趣，此时，让他们尽情体验就好。

点彩是丰富而富有变化的，如何让孩子们发现呢？借用了原作色块比对发现的方法来引导孩子了解到点彩色块中丰富的颜色内涵以及从远处看在视网膜上综合调色的神奇效果，孩子们既有发现又玩得开心。

可走近一看会发现还有红色、白色、粉红色……有那么多颜色的点！这么多丰富的颜色被很合理地、有秩序地安排在裤子上，远看时，我们的眼睛让它们综合成一种颜色，这就是奇妙的点彩。"

（二）感受点彩的美（立体、细腻）

1. 除了这条裤子是由五彩缤纷的点构成的，那么这一大片树叶呢？修拉画这些树的时候用了哪些颜色的点呢？（幼儿大声表达自己的发现：墨绿、深绿、翠绿、黄绿……）

2. （出示树的点彩过程体验插入式透明软片）教师先出示没画好绿叶的树干并根据幼儿说的绿色依次重叠上不同的透明软片，最后，形成一棵接近于原画效果的用点彩画成的树。最后，问道：看，这就是用点彩画的树。这样的树叶美吗？它给你什么样的感觉？（幼儿震撼于教具呈现的过程与结果，有的拍手惊叹起来，有的说道："这树感觉很立体，像真的一样。"有的说："感觉很柔和，朦朦胧胧的很舒服。"有的说："给人放松的感觉。"）

3. 正因为有这么朦胧、柔和而立体的点彩，让我们感受到"大碗岛的星期天下午"是怎样的呢？（幼儿说：是快乐的、明亮的、放松的、休闲的……）

4. 小结：一种独特的画法赋予了作品独特的美。

（三）体会点彩的趣和难

1. （出示与原作一样大小的撑伞女士，但伞面是空白的）孩子们，既然点彩这么有趣，我们也来体验

点彩是一个色彩点堆叠的过程，为了能让儿童体验到，设计了点有不同部位不同颜色的透明片，然后让他们一片片在孩子们的眼前叠加起来，当最后的橙色和黄色加上之时，孩子们不由自主叫出"哇哦！好美"。此时，孩子们很容易发现到与平涂的方式对比，点彩是那样的柔和、立体。那些关于点彩所特有的美感之词从孩子们的嘴中自然而出。孩子们也因此理解了为什么《大碗岛的星期天下午》具有休闲、快乐而宁静的味道。

一下吧！老师这里有一把和《大碗岛的星期天下午》原图一样大小的伞。我们一起来用点彩为它上色好吗？（幼儿开始尝试点彩。每个小朋友选择自己喜欢的颜色，为画面点上十多个颜色点。可一段时间后，发现有的孩子不肯停止一直不停地点。有的孩子干脆开始用棉签开始涂色。当教师上前询问时，他们说道："不行，点不够，点起来太慢了，还是涂色快。"）

2. 每个人十个，我们就把 120 个点画上去了，可伞上还是白白的，看样子这些点是远远不够的。那如果要把这把伞画满，要画多少个点？（幼儿大声猜测：500 个、800 个、1 000 个……）

3. 大家说的数字越来越大，那就让我们看看到底有多少个点呢？（教师开始演示课件，课件中的伞面在逐步添加不同颜色的点，同时，旁边显示着颜色点数量的增加。）（孩子们睁大了眼睛，目不转睛地跟随数字的变化而朗读。当伞面布满颜色点时，数字停留在了 2 000，孩子们惊呼不已，相互讨论起来。）

4. 看来，点彩的画法虽然有趣，但是也很累，需要用很多时间，需要坚持才能完成。猜猜修拉画这幅画用了多长时间？（幼儿推测道：2 个星期、3 个月、1 年、2 年……）

5. 是的，修拉画这幅画用了整整两年的时间。既然点彩是那样地慢和累，那为什么修拉还要用点彩的画法来画画？（孩子们在之前的观察和比较的积累下，说出了自己的理解：他想和别人不一样；只有他

没有想到动态的点彩图变化配合数字的变化带来的震撼有这么大，孩子们跟随着画面目不转睛，不断地数数，当时，内心觉得兴奋，因为孩子们此时的状态一定能懂得点彩除了美之外的辛苦。

点彩很美、有趣，但点彩也很难和累。这个环节让孩子们更为理性地了解点彩和修拉。数画同步的课件将点彩的难直观地呈现，让孩子们惊叹之余发现了修拉的坚持和点彩独特之美的来之不易。孩子们发现，每一位大师都有着坚韧的个性，每一种渗入心脾的美总包含艰辛。

用点彩画画，他才是与众不同的；有的幼儿说：他不怕苦和累，想画出最美的画；有的说：他能坚持。）

（四）了解修拉，喜欢点彩

是呀，正因为大家说的这些理由，让我们在一百多年之后，看到点彩就想起了这位伟大的画家 ——修拉！（教师介绍修拉和点彩作品，其中有修拉的代表作介绍，有修拉作画的坚持和努力，有后人对修拉的热爱，所临摹的作品和幼儿习作。）

三、习作表达，积累点彩的感性体验

1. 孩子们，你们喜欢点彩吗？喜欢修拉吗？为什么？（孩子述说着在听完介绍后的感知：修拉很特别，他创造了点彩法；修拉是个能坚持的人……）

2. 老师在这里准备了很多材料，让大家来试试点彩。

（材料组别：（1）颜料点彩（添画、临摹和自创）；（2）撕纸点彩；（3）玩点彩透明插片（衣服和裤子）；（4）放大镜观察画面。幼儿按自己的选择进入，通过不同的材料来感受点彩。）

是的，除了画作的美，艺术家的品格，作画的艰辛等人文内涵一样是欣赏和感受的内容，这些都值得孩子们去发现和体会。

幼儿在教师讲述时，不断地依据自己的已有经验和兴趣点与教师互动，如孩子能报出自己熟悉的作品名称，孩子们对希涅克对点彩的模仿作很感兴趣，感觉更明亮和细腻。小朋友的点彩作品《山花》和《野菊》引发了他们强烈的尝试和表达的愿望。

和教师一起的梳理和提升能将这些零星的认识和体验变得系统而有逻辑。教师的介绍也开拓了孩子们对点彩认识的眼界，对修拉认识的深入，对点彩名作的更为广泛的了解，激发起自我表达的强烈愿望。

习作必不可少，这一环节是孩子们将他人经验转换为自我经验的必经之路，孩子们从画中体会到的情感、态度、技能都需要在这个过程中转化为自我的内在获得。孩子通过这些材料，将对点彩的认识和对修拉的了解转换成自我的艺术智慧来解决面临的问题。这也是孩子们在后继的欣赏活动中保持良好兴趣状态的动力所在。

24 《金鱼》（大班）

活动领域：艺术

设计思路：

马蒂斯是二十世纪最伟大的善于运用色彩的画家之一，野兽派的代表人物。他的艺术风格单纯、简洁、清晰。少年时生病期间母亲给的一盒颜料、一套画笔、一本绘画自学手册让他第一次感觉到"自由、安宁和娴静"，从而改变了他的一生。马蒂斯摒弃所有晦暗的颜色，喜欢用鲜艳的色彩表达生活的快乐和幸福。所以，他的作品颜色鲜明，纯净，但又非常和谐。他具有非常卓越的控制色彩的能力，也被称为"色彩大师"。

《金鱼》这幅画创作于 1912 年，画家致力于追求富有力度的线条与鲜明色彩的协调。他画出了鱼缸中红色金鱼漂游的感觉，透明的玻璃鱼缸由于光线的折射，从水面观察时与透过玻璃缸所见到的鱼，画法是迥然不同的。整个作品中选用了马蒂斯喜欢的红色和绿色，运用黑色来协调红绿对比的色调，使画面既艳丽又稳重，既快乐又显轻松。

画作里那灵动的金鱼、丰富的背景、强烈的色彩，使得孩子们能从一大叠画中不由自主地选出它。孩子们纷纷述说喜欢的理由，小小的心灵中迸发出自由、激动、漂亮、悠闲等充满激情的词语。可当我询问从哪里看到自由、激动等的存在时，孩子们难以对答。欣赏性学习活动是培养孩子审美态度，提升孩子审美能力的教育。所以，我们想借助这样一幅极富生活气息和强烈色彩的画面来提升幼儿阅读名画的能力，训练发现的眼光，体会作品的情感，感受画家独特的风格。本次活动放在了《动物大世界》主题下实施，我们把重点放在感受作品的色彩独特上。因为在欣赏中除了对作品内容、含义、情节的感受外，还有对作品形式的感知和体验，以及对画家的理解和喜爱。引导幼儿去亲身体验色彩的对比、和谐等视觉审美因素，感受色彩美的形式，能有助于幼儿欣赏能力的提高。

活动目的：

1. 欣赏画作，发现作品色彩运用的独特，大胆表达自己对色彩的理解和感受。

2. 喜欢作品的色彩运用，初步感受马蒂斯的绘画风格，有愿望做"色彩大师"。

活动准备：

1. 教具准备：张贴画《金鱼》三幅（一幅与原作同比例大小，两幅按比例缩小）；赏画及习作音乐三首；感受色彩层次变化的课件。黑色背景替换软片夹（人手一份）；习作用具（实景构图的用物、各色彩纸、粘胶、水粉颜料、画架、砂皮纸等）。

2. 经验准备：对作品《金鱼》及马蒂斯的其他画作已有前期感受经验。

活动过程：

一、走进作品：观察画面，欣赏作品色彩的运用

（一）出示作品，引发欣赏的兴趣

师：还记得这幅画吗？每次看这幅画，第一眼看到的是什么？那些金鱼为什么这样招人喜爱？红色让小鱼有了什么样的感觉？（幼儿观察画面主题金鱼的颜色以及由此带来的感受。）

> 活泼的，鲜艳的，像活的一样，会游来游去的，孩子们用自己的词语述说着对小红鱼的感觉，欣赏着直接映入眼帘的红鱼的美。我们需要在这里等一会儿，让尽量多的孩子、尽量多的不同的感受、尽量多不同欣赏的角度得以展现，而不是唯一。

小结与过渡：鲜艳的颜色总让人感到激动和快乐，在这幅画里，这些鲜艳的颜色，它们带给人不同的感受。孩子们，让我们一起来看看、找找，体会一下这不同的感觉，好吗？

（二）观赏作品，发现色彩独特

幼儿赏画，配乐。（教师在幼儿看画过程中观察

> 这首音乐是邀请了在法国留学的艺术生一起专门为《金鱼》这幅画制作的，其中有大提琴的深沉代表黑底色的大气，有小提琴和竖琴的灵动表达鱼儿的活泼，有舒缓和跳跃的节奏代表绿叶的葱荣，每一个孩子看画都有自己的解读，但教师的解读不需要说，可以用音乐来表达。音乐是一条引导孩子深入画中的"路"。

幼儿在看画时的神态及动作，发现幼儿对色彩的敏感和理解的不同，并在观察后，进行讨论和交流。）

师：孩子们，看到那些鲜艳的颜色了吗？它带给你什么样的感受？（幼儿大胆依据自己的观察表达自己的体验和感受。）

小结：那热烈的红、明亮的黄、浓艳的绿是那样地让人快乐，但它们也像三个野小子一样火爆，碰在一起就有很吵很闹的感觉，可是，在这幅画里，它们却显得平静而轻松，画家用了什么办法呢？

师：黑色真有这样的力量吗？这样吧，我们来做个实验吧。（幼儿自由选择，并将自己选择替换背景色后的作品与原作放在一起比较，进行体会和感受。）

师：请 2 ~ 3 名幼儿说说自己选择背景颜色的理由。

【孩子们分别选择了黄色和绿色，因为相近色的原因，孩子们说：耶？怎么这么难看，只有在黑色上的绿色是最好看的。】

马蒂斯擅长将浓烈的原色进行平衡，这个技巧不是无法触及的，我们运用了课件让孩子们挑自己喜欢的背景色替换，直观的视觉冲击让孩子们发现了大师用色的小技巧。

师：看来，每个人在画画时，都是按照自己的想法来选择颜色，画家也是这样。看看在黄色、蓝色背景上的小鱼与绿叶，再看看画家选择的黑色背景上的小鱼与绿叶，看上去有什么不一样？

小结：黑色是最暗、最深的颜色。因为暗和黑，所以反而能衬托出红色和绿色的亮丽。看，马蒂斯运用色彩的秘密被你们发现了。

以上的讨论和努力都是为了让孩子们发现黑色是一种有力量的颜色。

师：这幅画上用得最多的是哪一种颜色？你在画

上找到了哪些绿色？

【孩子们大胆说出自己看到的不同绿色，并清晰地表达颜色的名称，如：深绿、浅绿、蓝绿、黄绿、墨绿等。】

师：如果这幅画只用一种绿，画会变成什么样呢？我们来玩个游戏体验一下吧！一种绿色的画面和马蒂斯画的有着深深浅浅绿色的画面感觉有什么不同？

第二个换色游戏出现了，这个游戏基于我们对儿童作品的观察，发现孩子们在画树叶时，都是用一种绿色来涂色，即使他们面前的大树树影斑驳，浓浅不一。我们将电子图中的绿叶抠图出来，利用软件做成可一色替换的课件，让孩子们来玩，孩子们可以根据自己的喜爱将叶子换成一种绿色，然后，让孩子们对比有着深浅不一的绿叶和只有一种颜色绿叶的美感有什么不同，教学中，孩子们非常喜欢这个游戏。

【孩子们兴致勃勃地根据自己的意愿选择不同的绿色来变化画面中所有的绿色，换上去以后，班级里就炸开锅了，随着嘈杂的叫嚷声，孩子们不断地替换着不同的绿色，直到两轮之后，听见嫣然说："哎，还是不要再换了，绿色应该是深深浅浅的才好看。"随后，雨萌说："我看到太阳底下的大树叶子就是有的深有的浅的。马蒂斯画的叶子是对的，这才是大自然的树叶！"】

听到这里的我，心里笑了，课件的目的达到了。孩子们在尝试中被视觉效果的差异引导出了发现，并回忆起自己看到的树叶颜色深浅不一的样子，体验到了画家对大自然的观察。

小结与过渡：谢谢你们告诉我，当画面上的绿叶有了深深浅浅的层次变化，画就显得丰富多彩，非常自然了。

师：那么多漂亮的颜色被画家巧妙地涂到画布上，你喜欢他的涂色吗？

【此时，孩子们的眼睛是那样地敏锐，他们发现了叶子边上有很多的留白，甚至是画面上好像是故意的刮痕，孩子们自然地讨论了起来："这个和我们不一样，颜色没有涂满"，"可是，我觉得不涂满也很好

看呀"……，孩子们不断地交换观点。】

小结：不涂满也很美。孩子们，我们只用了一点时间，就找到了藏在金鱼这幅画里运用色彩的秘密，马蒂斯的画里还有很多这样的色彩秘密，你们想不想知道？我来给大家介绍一下吧！

二、走近大师：比较作品，感受画家的风格

（一）关于马蒂斯

他就是马蒂斯，大家心中的"色彩大师"。他喜欢画幸福而快乐的生活，所以在他的画中永远有鲜艳的颜色。他能让这些像野马一样奔腾的颜色在他的画中和谐而有秩序地出现：

《红色的和谐》里红色的墙、红色的桌子、红色的椅子、绿色的窗，强烈的色彩对比被黄色的窗框和黑蓝色的花纹缓冲，反而显得优雅而快乐。

《国王的忧伤》里红、黄、蓝、绿大大小小的色块被巧妙而有秩序地组合在一起，感觉那样鲜艳夺目又那样地和谐。

《有玉兰花的静物》中一样的红色和绿色却有着很多的深浅变化，镜子的架子从深红到浅红到白色。玉兰花的每一片都从深绿到浅绿。所以，平面的东西也会显得立体了。

不过，这样的用色本领可不是生来就有的，马蒂斯非常刻苦地练习画画。他每天只吃一顿饭，其余的时间除了睡觉都在画画，在他年老得不能站立时，他就剪纸贴画，《国王的忧伤》就是那个时期的作品。

此时，你会发现孩子们是有观点的，他们对事物有自己的理解并努力地去表达自己的想法，我没有打断孩子，陪伴他们"陷入"讨论，这样的讨论使他们离画家的风格和表达更近了。

这段介绍，基于前期儿童对马蒂斯的比较广泛的作品和风格的了解，同时推深儿童对于画家的认识。

在他虚弱生病卧床时，他就让人把画画的碳棒绑在钓鱼竿上在墙壁上画。他说：他自己的一生都没有感到过寂寞，因为一直有画陪伴着他，他是幸福而快乐的！

（二）喜欢他吗

【孩子们述说着自己喜欢马蒂斯的理由：我喜欢的，因为颜色太好看了；我的房间里也有很多画，它们也陪着我，不让我寂寞；哇，他还会剪纸呢，本领很大……】

> 每一个喜欢的理由如同一个关于画家的侧写，将一个作品与人物链接了起来，在过程中将欣赏升华为情感和人物的赏析，儿童对作品和画家的喜爱不断地在增加。

过渡：老师准备了许多材料，想试一试做色彩大师的感觉。你想试么？

三、走向习作：表达表现，大胆运用色彩

幼儿可自主选择撕纸临摹、色彩创意、实物构景等不同内容进行习作。

教师重点观察幼儿在表达时，对马蒂斯色彩运用感知的经验迁移。

25　掀起你的盖头来（大班）

活动领域：艺术

设计思路：

《掀起你的盖头来》是中国著名民歌，旋律欢快热闹、歌词简朴重复，源自人们劳作之后"掀盖头"游戏，其原生态的表达形式反映了人民开朗、直爽的性格以及浓浓的相互赞美喜爱之情，欢快的旋律承载了人民对生活的热爱，是一首应该让孩子们知道和喜欢的民歌，也非常适合在"我是中国人"主题下开展。

歌曲在角色游戏"办婚礼"时播放了，当这首欢快的歌曲响起，孩子们在游戏中的动作、表情、语言、行为都"沸腾"了起来。从他们与歌曲交流的过程中我们捕捉到许多"情不自禁"：听到旋律响起，孩子们情不自禁地手舞足蹈；听到歌里的吆喝声，孩子们情不自禁地跟着喊着、嗨着；听着歌曲里不停地夸赞姑娘，孩子们情不自禁地咯咯咯开怀大笑。于是我们顺应了孩子的兴趣，设计了活动。通过好玩的音乐游戏串联主线，将一个有趣而热情的游戏音乐拉近到孩子面前，再根据教材的特点以及幼儿的学习特点，让孩子们用自己的方式与作品对话，不断发现、体验和感受。比如在"快乐吆喝"中，孩子们可以通过配音游戏把自己的快乐的体验通过吆喝声喊出来，就如唱歌一样释放心中对生活的各种美好情感。游戏"掀盖头"是帮助孩子们体会劳动人民在劳动之余玩游戏的快乐，让更多孩子体验歌曲中表达的乐趣，积聚对整首歌曲情感的理解。

活动目标：

1. 喜欢歌曲欢快、热闹的意境，感受人们相互赞美和喜爱的情感。

2. 大胆表达自己在歌曲中的发现和感受，体验其中富有情趣的生活方式。

活动准备：

1. 教具准备：维吾尔族人民的服饰、PPT、具有民族特色的场景布置。

2. 经验准备：幼儿有前期欣赏的经验，对乐曲和与之相关的内容有一定的了解。

活动过程：

一、载歌载舞，回忆和表达歌曲的欢快

1. 教师带幼儿走进具有民族特色的场景：

（1）听，还记得这首歌曲叫什么名字吗？

（2）这首歌曲是谁写的？

（3）听了这首歌曲让我们有什么样的感觉？

（4）小结：欢快热闹的歌曲总是让我们忍不住载歌载舞，来来来，让我们也唱起来跳起来吧！

2. 幼儿自主歌舞。

【教师观察幼儿自主的表达和对歌曲的熟悉程度，及时给予夸赞呼应。】

二、听赏歌曲，发现和感受人们相互赞美和喜爱的情感，乐意大胆表达

游戏一：快乐地吆喝。

这是一首前奏响起就会让幼儿为之"沸腾"的歌曲，当孩子们进入场景、禁不住回忆分享歌曲，载歌载舞推动了听赏的兴趣，也为之后的感受和表达奠定欢快、热情的基调。

这是孩子们最喜欢的声音，孩子们无法抵抗吆喝声中蕴含的快乐和热情。以快乐的声音为生发点去回忆和发现维吾尔族人民日常生活的点点滴滴，体验他们的生活中蕴含的热情和直率，并用自己的方式进行表达，这第一个游戏，锁定孩子们的兴趣，引导孩子们进入维吾尔族人的生活。

1. 提问：这首歌里谁快乐着？

预设幼儿可能的回答：小伙子很快乐，听到他们"嘿—诶—"的喊声。

回应：他们就是这样，有快乐可以唱出来，可以跳出来，还可以喊出来。

2. 提问：这声音藏着人们生活中太多的快乐，有哪些快乐呢？

每个人心里感受到的快乐不一样，所以喊出来的快乐声音也不一样，你有自己快乐的声音吗？

【鼓励幼儿由吆喝声而开展联想和表达，同时关注幼儿是否能大声地用自己独特的声音流畅、豪爽地表达快乐。】

游戏二：夸赞姑娘美。

1. 提问：小伙子掀开盖头看到美丽的姑娘，就夸赞她，小伙子怎么夸赞姑娘的？

【过程中教师扮演姑娘，引导幼儿用歌词或自己的方式来赞美姑娘，感受赞美的喜悦和乐趣，当孩子们完成夸赞后教师就会随音乐起舞一段以资鼓励。】

2. 提问：姑娘真幸福，每天都有小伙子不停地夸赞，心里觉得美美的，老师也想被你们赞美，可以吗？

【幼儿能否像歌曲中唱的一样，将自己看到的美表达出来。需要特别鼓励能编唱的幼儿，同时观察幼儿在夸赞过程中的情绪——是否体验到赞美别人的乐趣。】

游戏二指向表达更多，你的眉毛像弯月，你的嘴巴像樱桃，维吾尔族人真会夸人，赞美和被赞美都心存美好。教师用舞蹈来表达鼓励，这让孩子们兴趣盎然，所以，之后就有了：你的头发像瀑布、你的裙子最最美……，孩子们的表达各种各样起来！

游戏三：害羞的脸。

提问：歌里从头到尾都没有听到姑娘唱一个字，姑娘快不快乐呢？一直被小伙子夸赞的姑娘是什么样子的？

教师关注：幼儿被别人夸赞时的神态能否体会快乐又害羞的心情。

小结：这首歌里的快乐有的能一下子被听到，如小伙子又是吆喝又是夸赞；也有的快乐藏在歌里需要细细听、细细感受才能发现，如姑娘一个字都没唱过。

三、玩游戏，体验和喜欢歌曲中富有情趣的生活方式

1. 看看说说，欣赏歌曲中维吾尔族人民的生活。

师：《掀起你的盖头来》有着热情欢快的节奏，歌里的维吾尔族人民每天都载歌载舞地生活着，享受着相互赞美的甜蜜。他们总是把对一个人的喜爱直接告诉他，一点儿都不藏在心里。在歌里相互喜爱是多么美好的事啊！

2. 玩游戏：掀盖头。

（1）PPT 中呈现蒙着面纱的姑娘以及含苞待放的花朵，当幼儿载歌载舞赞美她时，就会绽放花朵。

① 第一轮，开满三朵花，就会揭开面纱看到美丽的姑娘，体验成功快乐。

② 第二轮，开满三朵花，揭开面纱看到一位掉了牙的老奶奶，体验幽默好玩。

③ 第三轮，请 6 位幼儿连着创编 6 次不同的夸

游戏三"害羞的脸"，让幼儿看到了隐藏在歌曲中的情感，每一首民歌中都包含丰富的人物关系和情感，有的外显，比如这首歌中的小伙子，有些内隐，比如曲子中的女孩，没有一句话却满怀被夸赞的喜悦，这个游戏，让孩子们能发现姑娘们的喜悦和幸福，感受到隐藏在歌曲中看不到的情感。

曲子本身就取材于维吾尔族人民的田头游戏，我们将游戏复原，就是想让孩子们体会到歌曲所表达的浓厚的生活气息和新疆人民载歌载舞的生活样子。所以，这个游戏体验为重。

赞，花朵连着开放，揭开面纱能看到老师，体验欢快的歌曲游戏就在幼儿的生活中。

（2）规则：首先要载歌载舞，维吾尔族人民的生活离不开歌舞；然后要表示出赞美（按照歌词的样式来改编）；夸得姑娘心花怒放，姑娘就会掀开盖头，让我们看啦！

（3）尾声：《掀起你的盖头来》既是舞蹈又是歌曲，还是游戏，让我们回到教室，继续唱继续玩，继续体会维吾尔族人民的生活。

> 规则给了孩子们发展的挑战，夸人可不是件简单的事情：需要细致观察，自己编词组句并大胆表达，这个规则给了孩子们发展的机会，夸赞成功后课件中绽放的花朵让孩子们充满动力，掀开盖头的神秘感又让孩子们兴致勃勃。

26 礼物（大班）

活动领域：艺术

设计思路：

　　人物写生是孩子们的最爱之一，孩子们的作品非常有趣，也是我在每一次活动后的阅读"作业"，看完会发现孩子们很喜欢画人，尤其是大头像。但孩子们观察人物表现出不太细致，比如：人物的脸型、发型、身上的细节（衣服花纹、首饰、属于个人的小酒窝或胎记等）。孩子们观察人物比较随意，这里看看，那里看看，跳跃式的观察也使得对人物的观察常常有偏差。所以，这次，借由新春"礼物"让孩子们更为慎重地对待为客人画像这件事，在活动过程中提高观察的全面性、在绘画中表达自己赠送礼物的诚挚。

活动目标：

1. 能细致观察和捕捉人物的主要特征，并加以表现。

2. 精心为教师画像，让画面传达对教师的爱并向教师赠送礼物。

活动准备：

1. 教具准备：画架、各色彩纸、各种笔、颜料、蝴蝶结、皮筋等。

2. 经验准备：为伙伴画过像，有人物写生的前期经验。

活动过程：

一、观察画像，分析画像受到喜爱的原因

1. （出示礼物）前几天，老师收到了一份礼物，猜猜是什么？

2. （出示肖像）画的是谁，像不像，什么地方画得最像？

【鼓励幼儿关注脸型、发型、人物细节等。】

幼儿可能的回答与回应：

幼儿说脸型：老师是什么脸型？除了圆形脸还有什么形状的脸型？

幼儿说发型：发型可是多姿多彩，没有一个人是一样的。

幼儿说衣服或装饰物：连细节都发现了，看得可真仔细！

幼儿说酒窝：这可是独一无二的特征，就像人的标签，一看准不会错！

3. 画得好像呀，所以老师一看到画像就感觉很"惊奇"（出示惊奇二字），居然可以把我画得这么像。看着这幅画，老师的心中还冒出了许多像惊奇这样两个字的感受，你们猜猜还有什么感受？（鼓励幼儿说出自己对于画面表达的涵义的理解）

小结：（出示幸福二字）还有一种感觉就是幸福，从这张画像的每一笔都可以看到俊俊对老师的细心观察、每一根线条都让老师看到俊俊为老师画像时的专心致志。这幅画传达了俊俊对刘老师的爱，这让我很

这份礼物可是一个绝佳的机会，因为班中一个男孩把为我画的画像送给了我，我把画像细致地卷好，配上蝴蝶结郑重地展现给大家看，大大激发了幼儿活动的兴趣。

孩子们的观察零星无序，但教师需要尽可能多地引导孩子们去全面地观察，而不是局限在一两个方面。

用词语来表达自己被画的感受，更容易找到体验的核心，一幅画是有情感的，尤其是通过细致的观察一笔笔地画出来，其中会饱含对人的关心和爱，这会给被画者带来幸福感，自然画画像的那个人就是幸福的制造者了，孩子们对这个角色跃跃欲试。

感动，也感觉很幸福！

二、为教师画像，细致捕捉人物特征和细节

1. 孩子们，看看后面的老师，猜猜他们现在在想什么？

师：她们有的是我的老师，有的是我的朋友。今天大家都想到金囡幼儿园来幸福一次，我们为老师们画张像好吗？别忘了，一张画像让人惊奇的理由是什么？让人快乐的理由是什么？让人幸福的理由又是什么？

2. 幼儿寻找对象，开始作画。

【教师观察幼儿对人物特征的捕捉以及幼儿细致观察的方法和态度。】

3. （反转画板）游戏：猜猜画的是谁？

请幼儿来说说自己猜出来的画像中的人是谁，并说出猜出的理由，捕捉人物与画面特征的相似之处。

如：有两个孩子是画同一位老师，可以拿出两幅肖像来比比看，哪一幅更像？【引导幼儿发现伙伴描绘人物特点的细致之处。】

4. 你来说说：要把人画得像，有些什么小窍门？

【鼓励幼儿总结自己在绘制肖像过程中的经验和发现。】

三、进一步美化作品，赠送礼物，传达心意

1. 幼儿将画像进行装饰，并送给自己画的老师作为新春祝福。

2. 每一幅画像，只要你是诚心诚意地画的，看的

> 这个游戏对互动的要求很高，因为，变化很多，有的孩子会画一位老师，有的你根本看不出画的是谁，但能被猜出的一定是画得像的。
> 让孩子们自己来猜，评价者就变成了伙伴们自己，猜出来的都是观察有办法、画像有方法的，不妨就来介绍一下子，生生互动满场皆是。

> 经过前面的体验，孩子们成了老师，都争着说自己的观察和绘画的诀窍，此时，观察的顺序就被顺理成章地表达出来了。

人就会有幸福的感觉，我们来请客人老师说说哪一幅
画让她也有幸福的感觉了！

几乎每一位教师都非常感
动，都毫无保留地告诉了孩子们
自己的喜欢和感动，几乎每一个
孩子都体验到了成功和喜悦，这
一次"讲评"变成了孩子们的心
中的"光"。

第四章

"在观察中，学习支持你"

——活动设计案例（下）

在一次绘本欣赏活动"美美的花园"时，我带着孩子们来到草地，鼓励他们脱去袜子体验一下青草摩足的美好感觉，却遭到了孩子们的拒绝："不行，草会弄脏我的脚的！"；"草上有水的！"；"妈妈会骂我的！"……我目瞪口呆地站在那里，心中有了许多的渴望，渴望看到：他们面对罗丹的"思想者"时能自由地说出"那个人在打瞌睡！"；他们听马克西姆的《野蜂飞舞》时会在教室中"人来疯"；他们念"风儿像顽皮的孩童，一会儿钻进草的脚底，咯吱得草儿笑弯了腰"时笑得前俯后仰。想让我的教育实施能成为孩子们释放天性，探索和创造的支持而非禁锢。于是，我从在观察中发现的问题开始，开展研究，形成课题，探索思考，创新实施！并在研究中更清楚地"看见"儿童，理解他们，信任他们，支持他们，让他们能向着美好灿烂生长！

27 从"喜欢"到"欣赏"
——美术欣赏活动《金鱼》中的教育支持

孩子们喜欢马蒂斯的画，因为画里蕴藏着纯净而鲜艳的色彩，这让孩子们感到快乐和兴奋；画中充盈着孩子们熟悉的事物：花瓶、房间、动物、风景和人，这让孩子们觉得亲近而自然。孩子们喜欢这幅画，可喜欢看和有兴趣地欣赏不是一回事，许多问题呈现在我们面前：

如何让他们能"触摸"到画的意蕴？

幼儿园孩子的认知依赖具体事物。而流传百年的名画都蕴含极其丰富的人文内涵，画家用自己独特的笔触描绘出的画面呈现了独特的风格，这些在我们看画时能感受到，却很难用语言表达清楚。而这样深厚的内涵如何让思维直观、经验简单的孩子们能感受到呢？

如何让他们能感受到画的精妙？

马蒂斯是"色彩大师"，有着神乎其神的驾驭颜色的能力。红色、黄色、蓝色这些原色在他手中被纯净又和谐地使用，表达出画家对生活的热情和挚爱。画家使用色彩的技法高超而有趣，精妙之处比比皆是，可如何让3—6岁的孩子能发现得了，体会得到呢？

如何让他们能迁移出对画的认知？

孩子们看画有着自己的方式和特点，几乎每个孩子对画的感觉都是独特的。每一个孩子都能从画面中那些鲜艳的色彩、熟悉的事物中体会出画的不同情感和美妙。如何让孩子们将他们对画的所知、所感表达出来，以达到经验迁移呢？

带着这么多的问题，我开始了尝试，在一次次的试教中，在孩子们与《金鱼》的对话中发现着。

一、搭建感受的桥梁，让孩子能触摸到画的意蕴

每幅作品都蕴含着作家对生活的理解。作品通过颜色、线条、布局表达作者内心的情感。而作品的内涵与意境构成的鲜明风格是孩子们最难触及到的，因为它们对于孩子来讲内隐而高深。

（一）音乐是一条深入画中的路

我们看马蒂斯的《金鱼》，能从画面的笔触中感受到画家豪放不羁和大气的性格，能从浓烈的色彩运用中感受到画家对生活的热爱。金鱼的灵动、黑色控制绚丽所产生的和谐和宁静，这些都构成了画面独特的风格。我渴望告诉孩子们心中的感受，又担心自己的读画经验会限制孩子们自我体验的生成。考虑再三，音乐成了选择。因为它丰富而不定性，能恰如其分地表达画面，传达只可意会而无法言传的感觉，启发幼儿理解画面。虽然找来了班得瑞等轻音乐大师们的作品，但还是很难表达《金鱼》这幅画的灵动与大气、热烈和沉稳兼具的感受。于是，我们和专业的音乐人讨论画的风格，并且在具有印象派气质的音乐中寻找。在有着流动感和灵动感的音乐中加入大提琴的优雅和沉稳，让音乐有了和作品浑然一体的感觉。活动现场，轻灵的三角铁声一下子将孩子们的注意力吸引到了画上来。当量身定制的音乐响起时，孩子们开始沉静而凝神地观画，音乐抒发着金鱼的灵动、热烈的气氛以及大师驾驭自如的沉静和大气的风范。在音乐的陪伴和启示下，孩子们观画时情绪平静，神态松弛，不断地更换角度观察，那份不由自主的安静和专注的神情让我们能感受到孩子们的身心进入了画中，体会着画中的方方面面。此时，音乐是一条带领孩子深入画中的路。

（二）知道画家是个怎样的人

《金鱼》只是一幅画，马蒂斯却有很多的作品。欣赏《金鱼》只是一个载体，从马蒂斯的很多作品中感受画家的鲜明风格，历练欣赏的眼光和能力，陶冶孩子们的审美才是最终的目的。所以，了解画家是个怎样的人能帮助孩子们更好地理解作品，引发孩子们进一步欣赏画家其他作品的兴趣。我们收集了马蒂斯很多的资料。画家的生平和趣事、画家的

各时期代表作介绍、画家与记者的对话集锦等，从厚厚的资料中挑选出马蒂斯的趣事来吸引孩子；挑选有着不同特色的剪纸、油画、雕塑作品来丰富孩子的视野；挑选画家的日常工作照片来让孩子体会画家的刻苦和执着。告诉孩子们马蒂斯的心里话来了解画家是个怎样的人，这些都在孩子们的脑海中勾勒出一个立体而全面的马蒂斯，让孩子们感觉马蒂斯不仅仅是一幅呆板的画像，而是一个独特而有趣的人。让孩子对画家风格的把握更清晰，对画面的体验更丰富，对作品情感的理解更全面。

（三）让孩子完整地欣赏很重要

任何艺术品都具有完整性，任何艺术品的表现形式也应该具有相对的完整性。在孩子们的欣赏中，我们的过多指导，过度激情，繁多的欣赏手段都将破坏作品完整的意境之美。

《金鱼》中马蒂斯的每一种色彩、每一根线条、每一种事物的选择和安排都传达出画家对于生活的理解和浓厚的情感。从一开始，让孩子们在音乐的陪伴下看画，足足2分40秒，孩子们沉浸在静谧之中，将作品从上到下，从远至近，变换不同角度看了一遍。

1. 退到孩子身后，让孩子们静静地欣赏。

金鱼的万般精妙，金鱼的百千变化，金鱼的丰富情感在那幅146厘米×97厘米的大幅画中呈现着。教师再多的感触都无法替代孩子们自己的感受。所以，我选择了站在孩子们的身后，让孩子们与画面对面，不受任何干扰，静静地看。"艺术不能容忍说教，审美不能依靠灌输。"对艺术作品的自我感受和体验的获得不是依靠外在的知识灌输、技术训练，而是通过孩子们亲身参与，体悟获得的。安静中，孩子们看到自己喜欢的和好奇的；安静中，孩子们发现细节和全面观察；安静中，孩子问自己关于金鱼的问题：那鱼缸里的鱼在说什么？为什么栏杆的颜色不涂满？马蒂斯是不是最喜欢红色呢？孩子们有了许多想说的之后，我们和孩子才能与画对话，因为孩子们的心里有了完整的作品形象以及对意境的体会。静谧中实现了画、幼儿和教师的平等与互动。

2. 简化欣赏手段，让孩子有时间感受。

在孩子们欣赏时，不需多余的手段。那些都会大大减少孩子们安静欣赏和自我对话的时间。我们发现，在欣赏的过程中，孩子们会用自己的经验来填充对画面的许多理解的缺失。如我们在后期的交流中发现，孩子们在完整欣赏中发现画家在许多地方涂色不均，留出了小白点。孩子在欣赏中回答自己，马蒂斯是一个伟大的画家，他不会随便乱画的，这样画一定是有道理的。因为这样的思考，这个男孩在后期欣赏中提出了问题。大家讨论互动后，了解到留白是一种画法，它让叶子和栏杆有了光泽。不涂满也很美。看，孩子们多么需要时间来感受和发现，完整欣赏的那段时间考验着孩子们的观察和思考。

作品欣赏追求完整的感受，孩子们需要这一简洁和静默的时间段来获得对作品具体、圆融、完整、充实的情感认知和审美享受，意蕴需要时间和空间来体会。

二、设置读懂画的阶梯，让孩子体会到画的精妙

画面由线条、颜色和布局等诸多美术元素构成，在这样的空间里，画家有着各自的表达风格，也在其中蕴藏着丰富的情感。孩子们欣赏画，仅仅停留在喜欢看这个层面是不够的，我们还需要用更多的方式来让孩子读懂画，立足自身的经验基础理解和接纳作品中传递的关于艺术、关于情感、关于表达手法等方面的信息，从而激发出幼儿对欣赏画作持久的兴趣，逐步提升赏析的能力。在这次名画《金鱼》的欣赏中，画家马蒂斯作为一位伟大的色彩大师，在画面中驾驭红、绿、黄等纯色的能力是无可匹敌的，怎么让孩子们读出和读懂画家的精妙手法是一个难题。

（一）背景色替换夹——让色彩的对比效果看得到

"这幅画上有哪些艳丽的颜色？"孩子们听到问题一下子活跃了起来。橘红、金黄、翠绿、玫瑰红……鲜艳的颜色直入孩子们的眼睛，跃出孩子们的口。"这缤纷的色彩汇聚在一幅画中，就像许多匹野马欢腾地聚集在一起，可我们看画时，有杂乱的感觉吗？"

孩子们眨巴着眼睛研究起画来。"老师，一点都不闹，而且很安静。"

"是什么让这些热闹的颜色安静下来的？"这个问题让孩子们也安静下来了。"大概是黑色吧！"闪烁其词的背后能看出孩子由于不确定、缺乏经验而表现出的不自信。怎么可以让孩子们直观地感知到黑色在其中的力量呢？于是，我们设计了活页夹，将大师的作品复印在纸上并镂空其中的黑色背景，覆盖在透明活页夹上，让孩子们可以随意为作品更换上自己喜欢的背景色。当孩子们将有着粉红、大红、鲜绿背景的作品与原作放在一起看时，对比效果是那样地明显。有的孩子脱口而出："黑色是最合适的！"教师追问："为什么？"因为在黑色上的红色和绿色最鲜艳。教师再次引导孩子们看，在鲜绿背景上的绿叶和在红色背景上的金鱼并与原作对比，结果是显而易见的。

（二）让绿变成一色——感受色彩层次变化的效果

《金鱼》这幅画中有着很多的绿叶，它们有着不同的深浅变化。这是画家对自然观察的结果也是表达的技法之一，巧妙的深浅着色，使得画面上绿色植物生动而自然。孩子们兴奋地在画面上寻找不同的绿色，一下子，竟然找出了六七种。可为什么要用不同的绿色来表达植物呢？这似乎与孩子们惯常用一种绿色来画树叶不同，孩子们很疑惑。为了让孩子们体会到其中的奥妙，我们选择了孩子们最喜欢玩的东西——课件来作为沟通和体会的载体。按动画面中不同的绿色按钮，《金鱼》这幅作品中所有的绿色都会变成一种绿。这一课件强烈地激发了孩子们探究的兴趣。当孩子们按下按钮，让课件呈现变成同一种绿色的画面时，孩子们不断地惊呼，视觉刺激太强烈了。最后，我们将画家的原作与只有一种绿色的修改画面一起呈现时，孩子们恍然大悟，有的说："有着深深浅浅绿色的画面比较自然，大自然就是这样的。"教师："你在大自然中看到过深深浅浅的绿色吗？"幼儿："太阳照到的一面是翠绿，背对太阳的一面是深绿色的……"教师："每一个出色的画家都有一双善于发现的眼睛，你们也像马蒂斯一样发现了生活中的一些细微的变化。"

"让绿变成一色"的课件使孩子们觉得大师并不遥远，大师的表达手法小小孩也能看懂，也能触摸到。只是，我们需要在孩子们直观思维的具体与大师作品的凝练、抽象两者之间搭设阶梯，让大师的风格、手法都能看得到、看得明白。

三、借用习作的力量，让孩子能表达出对画的认识

欣赏让孩子获得了对于《金鱼》的情感的认知、风格的体会，多色彩的运用和表达的方式被孩子们在讨论和互动中发现和获得。这些都在孩子们的心中凝聚成属于自我的体验。进入习作环节后，孩子们需要将之前理解的、体会的、感受的、发现的都进行表达、练习甚至是创造。

（一）习作引导有思考的观察

妮妮和佳佳分别用水粉颜色开始了对金鱼的临摹。因为模仿的需要，两个孩子沉醉于调制不同深浅的绿色和粉红色，发现了加入不同分量的白色后花的颜色所起的变化。她们用不同大小的笔来画不同大小的叶子。用画板上不同深浅的绿色来表达一片圆叶上的背光和向光。因为模仿的需要，佳佳和妮妮常常站在画前讨论和分析叶子的颜色。观察比之前更有目的，伴随更多的思考。

（二）习作鼓励经验的迁移和运用

天天在创作一幅砂纸油画棒作品，画的是一只斑斓大虎。乍看上去好像和《金鱼》风马牛不相及，但孩子却在虎面上运用了从《金鱼》里学来的颜色的深浅变化以及大量艳丽色彩的运用。虎面上白、紫、银、红构成鼻梁和面颊。耳朵上褐、红、橘黄深浅变化，更为重要的是，虎面的构图没有了边框，显然受到了《金鱼》的启发。孩子将自己获得的图画技能运用到了自己的创作和表达上。

（三）习作支持变化和创造

4 个孩子聚拢在一起运用不同的道具来模仿《金鱼》中的构图。他们按部就班地将各种材料按照图画摆放了一番，但显然，这些并不能让他们满足。他们开始试着更换桌布的颜色，将白和绿两种颜色的桌布拼接呈现，又不断地变化鱼缸和花的位置，观察不同的布局效果，孩子们在过程中不知疲倦，不断思考、变化和创造着，不断丰富着自我对于颜色对比效果运用的经验。

习作必不可少，这一环节是孩子们将他人经验转换为自我经验的必经之路，孩子们从画中体会到的情感、态度、技能都需要在这个过程中转化为自我的内在获得。习作极具力量，因为临摹和创作都极富挑战，这让孩子在吸收他人经验的基础上必须运用自我积累的艺术智慧来解决面临的问题。这也是孩子们在后续的欣赏活动中保持良好状态的动力所在。

在《金鱼》欣赏的过程中进行的这些尝试，让我懂得：

悉心地观察孩子，"看见"他们的感知特点，我们才能找到有效的欣赏支持方式。

从喜欢到欣赏，我们在解决支持难题的道路上和孩子们一起摸索、一起成长！

28 提问的艺术

　　幼儿园大班的孩子是学校里疑问最多的群体。随着年龄的增长和求知欲的发展，孩子们不再满足于对事物的表面关系和形象联系的认识水平，他们开始追求对事物的内在关联和本质特征的认识。所以，大班孩子提出的问题中有越来越多的"为什么"：为什么花朵是五颜六色的？为什么水一到泥土上就不见了？……这些问题既客观反映了幼儿思维发展的现状和需要，也给了教师一个支持幼儿抽象逻辑思维发展的信号。教师可以运用师幼互动中最常用的提问来和幼儿进行思维的碰撞、思绪的整理，使"提问"成为幼儿主动学习和建构经验的不可缺少的"支架"，协助幼儿在分析、概括等方面不断自我完善，为入学后从形象思维向逻辑思维的过渡做好铺垫。

一、以问激疑，提升概括

　　幼儿的概念形成属于形象概括，孩子们往往以一个具体的形象来等同概念，这使得孩子们的概念是模糊不清、概括是片面的。

　　天天："老师，你喜欢两栖动物吗？"

　　教师："什么是两栖动物呀？"

　　天天："哎呀，就是乌龟呀，它在陆地和水里都生活的。"

　　教师："乌龟是两栖动物吗？"

　　乐乐："不对，乌龟不是两栖动物。"

　　天天："是的，乌龟就是两栖动物。"

　　一眨眼，天天和乐乐吵了起来……

教师聚集了全班孩子，并请同意乌龟是两栖动物和不同意乌龟是两栖动物的幼儿先后举手。经统计后，孩子们形成了意见不同的两方。这时，教师问道："请你们说说理由，到底什么样的动物才能称为两栖动物呢？"在一番说不清、道不明、争论不休之后，孩子们决定弄清到底什么才叫两栖动物。

教师的一句质疑"乌龟是两栖动物吗"使孩子们对原本通过具体动物形象确定下来的概念产生了怀疑。一个"为什么"收集了孩子们现有的关于两栖动物的所有经验，并在与同伴的互动中感觉到了"搞不清"，于是产生了"弄清楚"的强烈愿望。学习，从这里开始了。同时，孩子们也懂得了，力争要据理才行。

教师要善于用问题制造疑惑，引发求知！

二、问从逆向，多维思考

人们习惯顺理成章，从正向的角度了解事物，但从逆向的角度思考却能使知识掌握更牢固，也可以养成孩子从多角度了解事物的思维习惯。逆向思维在中小学中是一种思维能力的训练，在幼儿园中它不仅是思维训练的启蒙，更能让孩子体验到与众不同和挑战的快乐。

在关于时间认识的活动中，孩子们边看动画边关注到屏幕右下角的时间显示器中显示的时间不停推进。

教师问道："播放动画是有时间的，那我们做哪些事情也需要时间？"

这下，孩子们可像炸开的锅了，纷纷说道：跳舞，唱歌……

紧接着，教师又问："有没有不用时间就可以做的事情？"

一下子，教室里安静了下来，犹豫之后，有的孩子说有，有的孩子说没有。

有的说：打喷嚏不需要时间，眨眼睛不需要时间，踩地板不需要时间……

孩子们越说越来劲，教师拿来了秒表，说道："那我们就来试试，看看打喷嚏，咳嗽需要时间吗？"

实验后，孩子们发现，他们在做这些事情的时候，秒针都在动，而此时，大钟的秒针也一直没有停止过。孩子试过踩脚、打喷嚏许多好玩的事情，在玩笑嬉闹之间发现原来做所有的事情都需要时间，只是用的时间长短不一而已。

教师："那大钟停了，是不是时间也停止了？"

这下，原本又喧闹的教室再一次恢复了平静，孩子们又若有所思起来。

从逆向思维的角度提问，总能出乎孩子们的意料，总是带领孩子从一个挑战迈向下一个挑战，从一个发现迎向另一个发现，从一个角度走进另一个角度。最重要的是，孩子们在逆向提问的引领下不断地做着头脑"体操"，并乐此不疲。

三、追问不舍，直触核心

幼儿对事物的理解和关注集中在对现象的观察和理解中。而打破砂锅问到底常常是爸爸妈妈口中津津乐道的学习好品质。其实，这种方式也一样适用于教师的提问设计。

男孩和女孩分成两组来做"猜猜谁来了"的游戏，孩子们需要从 12 种动物中通过提问的办法筛选出藏在教师心里的一个动物朋友，难在教师只能回答"是"或者"不是"。每次都是女孩赢，沮丧的男孩开始对女孩总是取胜的原因产生了兴趣，这个时候，教师当然要帮男孩的忙喽！

教师："女孩们，每次你们先问什么样的问题？"

女孩："我们先问一类一类的问题。"

教师："什么是一类一类的问题？"

女孩："就是像哺乳动物呀，昆虫呀……"

教师："那为什么要先问一类一类的问题呢？"

女孩得意地说道："这样就可以一下子排除掉许多的动物，剩下的就不多了。"

教师："那接着问什么？"

女孩："再问一类一类的，最后只剩下一类就行了。"

教师根据女孩的描述在板上画出了正在逐步缩小的同心圆。

教师："只剩下一类了，怎么办？"

女孩："就一个一个地问，一定能找到。"

教师："这个办法叫什么？"

女孩们几乎异口同声地回答："叫排除。"

教师的问题一个紧跟着一个，给了女孩梳理思维经验的压力和线索，将一个思考的过程直观地呈现在男孩面前。穷追不舍的提问可以引领孩子直触经验的核心。

四、问到背后：关注本质，提升人格

小时候学习语文，当熟读一篇课文后，教师总是会问：这个故事告诉我们什么道理呀？这个问题将我们的眼睛引向故事的背后，去发现那些看不到，但心灵能感悟到的文理内涵。教师的这个问题也被我们运用到了对教材的分析。我们所选择的教材总蕴涵着许多教育的价值，但其中总是有最核心的部分，那就是这个教材所具有的独特内涵。教师需要在活动之前明晰教材的内涵价值，捕捉那些体现内涵的蛛丝马迹，才能"问以载道"，直指背后。

灰姑娘的故事家喻户晓，也是孩子们耳熟能详的。大班的小姑娘们每回听到灰姑娘和王子幸福地生活在了一起时，总会发出由衷的欢呼。

而这时，教师问道："灰姑娘如果因为后妈不愿意她参加舞会就放弃了参加舞会的念头，她能成为王子的新娘吗？"

女孩们："当然不会。"

教师："所以，孩子们，就算灰姑娘没有妈妈爱她，她的后妈也不爱她，这也不能够让她不爱自己。我们都要爱自己！"

人需要自爱才能自尊而后自强，不管你身处何境，都要爱自己。这样的大道理常常被藏在孩子们的小故事里。教师的提问不能只是就事论事，捕捉现象，而应在充分理解教材的基础上，着眼于幼儿的长远发展，关注现象背后的本质，故事里的道理，问题才具有穿透力，才能引导孩子去发现和学习。

小问题有大学问，提问是艺术，因为问题不仅闪烁着智慧的光芒，更彰显着人性的光辉。研究提问的艺术，让我们成为有"思"的教师。

29 觅师之真

借助"一课多研"，觅教学之真

"一课多研"磨炼的是教师设计教学的能力以及整体理解儿童发展和驾驭教学的能力。这个"多"字蕴涵多次尝试、反复思考的含义。"一课多研"的方式，可以调动导师、专家、园领导、同伴的力量，对教学设计"三堂会议"，对教学过程"开膛破肚"。我们需要将教案修改看成是一次次研读幼儿的过程，将教学改进视为寻觅幼儿学习的特点的过程，将一课多研作为不断思辨，提升自我的过程。以下是我个人在一课多研中的思考过程（结合《长大真好》的修改表述）：

表 4 "一课多研"思考过程表

	原本存在的问题	需要自问的问题	思考与发现
关于目标	目标制定太过宽泛，表现出笼统而缺乏针对性。	为什么要进行这个集体活动？	1. 目标体现活动追求的价值。 2. 目标需要反映一次预设活动的核心经验。
关于重点	教学中的环节设计，准备材料很多，但作用少，挑战小，并占据了孩子一段学习时间，其意义并不大。求全心态使教学轻重失衡。	这次活动给孩子的挑战是什么？孩子们会如何面对这个挑战？这个挑战怎样呈现给孩子们是合适的？	1. 活动的重点需要明确，重点攻破一个难点，而不是全部。 2. 学习舍弃，静心关注发展，沉入对教育内涵和价值的思考。

续　表

	原本存在的问题	需要自问的问题	思考与发现
关于孩子	活动中没有"孩子"，只有原本预想好的所谓"幼儿反应"。	今天孩子们有些什么出乎意料之举、之言？ 他们和原来有什么不同了？ 他们对什么最感兴趣？	需要看见在活动中孩子们的所思、所做、所喜、所难，看到成长点滴。
关于自己	我是教师，人家怎么教，我也怎样教。	今天活动中什么地方最成功？为什么？ 什么地方卡住了？为什么？ 下次我如何运用这个经验或长处？	教无定法，儿童的现场反应才是标尺，需要不断反思，不断修正，不断知道自己，不断保持自己。

　　一课多研不断深入和递进的每一次活动都提醒我需要用一颗平常心来进行教学，用一颗专注的心来思考如何将目标融入过程，将发展纳入每一次的活动，心怀每个孩子的发展足迹，来支持幼儿的成长。我们一直在学习以幼儿为本的教育观，但在集体教学中却时不时地被淡忘。因为，一进入教学，自我又会膨胀，自然进入自我价值的实现，以致使我们"看不见"现场的孩子、教学的真。"一课多研"这级阶梯让我们可以重归教育的真，让我们立足幼儿的学习来思考教学。我个人认为：一个成功的学习需要一个让孩子能体悟的过程，这个体悟的过程至少应具有这样的特征：

　　一个引人入胜的问题情境；

　　一个具有挑战的逻辑建构；

　　一个逐步深入的问题设计；

　　一场充满"生机"的儿童参与！

让阅读成为一种习惯，觅素养之真

我们需要理论，让教学沉下去一点。

长期以来，由于公开教学多的缘故，使得我的思维比较偏向于活动的趣味性。这样的思维习惯也导致我在原先的教育实践中关注形式先于关注目标，关注趣味先于关注挑战，关注精彩先于关注幼儿的发展需要，关注环节的预设性多过关注幼儿的生成，关注角度的巧妙多过关注环节的层层递进和逻辑演绎。在"长大了""今天不迟到""我的朋友"这些教学中，我认真学习了心理学书籍，研究幼儿自我认识发展的规律、时间知觉的形成规律、友谊发展的阶段论等。这些理论使我用理智的眼光以及较为合理的期待来看孩子的发展、看教学的设计。这样的学习使我打破了运用多年的工作经验来判断孩子的发展习惯。

跳出幼教看幼教、跳出教学看教学、跳出教育看教育，注意对生活的广泛涉猎，都能使我们的教学更为宽广，具有更多的文化和人文包容、新颖性和挑战度。

教育需要积淀，教育者的素养绝非一日之功，我们需要学习，需要体悟来厚实自我。

以"名师"为范本，觅形象之真

每一位名师都具有鲜明的教学风格和个人魅力。一年半来我们有幸听到了许多上海市的名师的教学活动，她们的教学风格绚丽多姿，有的精致，有的简约；有的洒脱，有的醇厚。以"名师"为范本即以名师为榜样，学名师教学之力。

看名师的教学活动我们可不能光看热闹，需要定下心来看门道，在看的过程中形成自己的体悟。一般来讲，我会这样做：

① 三过其目：一遍遛热闹，二遍出门道，三遍有精到。

② 寻找亮点：整个教学中的印象深刻之处，不要忘记问自己为什么精彩。

③ 苛求遗憾：没有最好的教学，只有更好的教学，发现遗憾，改进遗憾是对自我的挑战。

④ 捕捉风格：没有特色的教师是缺乏生机的，教师会赋予教学无穷魅力。

仔细推敲，你就会发现应彩云老师的"精致"不是满，而是对儿童的深入理解；吴佳瑛老师的"简约"不是简单，而是对儿童发展的睿智思考；徐则民老师的"洒脱"蕴涵引发；龚敏老师的"醇厚"滋养创造。她们无不以开放的问题引导观察和思考，用宽厚的包容鼓励不同的孩子爆出思维火花。如同一沼泥池，育生清莲，看似简单，却蕴涵万千生机。

在观看了特级教师应彩云等老师的教学活动后，体悟到黄琼老师所说的"差异"。一直以来，总在思考缩短这种差异的方法，在不断的实践和领悟过程中有所体会：

① 积淀生活焦点：任何一个好的教学活动都来自对生活的理解和感悟，任何一种学习归根到底是对生活的学习，所以教师要在生活中保持热情，关注生活中的热点、聚焦生活的焦点，对生活广泛涉猎，使教学能跟随时代的需要来进行。

② 积淀独特的视角：从教育之外看教育，从学前之外看学前都能有助于我们用自己的视角来看教育、看活动；换一个角度、逆向思维都有助于我们拥有自己观察和分析的视角。

③ 积淀对幼儿的理解：在生活中不断地与孩子交谈、不断地观察和分析孩子，可以让我们和孩子之间产生默契和相融性，有助于我们寻找到孩子真正需要和感兴趣的话题。

名师们的形象是美好而富有魅力的，而魅力形象的背后是努力和智慧，因为智慧的教师才是美丽的！

30 水乳交融的教与学

一直以来，我总被问道："新理念下的幼儿美术教育与传统的美术教育之间的区别是什么？"在反复思考和实践中，心中凝聚起许多答案，如：两者的发展价值追求不同；两者选择的教学内容有所不同……但其中教法不同是我体悟最深的。尤其是新理念下的幼儿美术教育的教法，让我感悟到如何基于幼儿的学法来定教法，如何利用教与学的交融在教学中像保护双眼般地呵护孩子们的兴趣和发现，让孩子们逐步拥有视觉美感和造型经验，激发想象和潜能，以便能将这些自然和自如地运用到未来的生活和工作中去。

"画像"是早有的一个教学内容，在今天的课程背景下，在我园的欣赏性学习活动研究深入的推进下，它有了新的教学，我们以此为例来诠释教与学的相融原理和做法。

一、分析作品，明确教学目的

1. 做作业，分析孩子们的作品。

人物写生是大班常见的一个活动内容，孩子们经常画，于是有了很多的作品。我们会细致、全面地保存孩子们的作品，在作品中分析孩子们相关经验的所有和所缺。

作品系列一：我们画的李老师（三个孩子一起画一位教师，但却画得那样的不同）。

作品分析：幼儿一，明显对脸型观察不清楚，将瓜子脸画成了圆方脸。幼儿二，对脸型观察清楚，但发丝凌乱，笔法不稳，孩子的表达需要练习。幼儿三，将发型、脸型都观察仔细、表达清晰，但衣物细节模糊。从孩子们的作品中我们发现：

（1）孩子们观察人物的过程比较随意，缺乏系统性。

（2）孩子们的观察还比较整体，对细节部分的观察不多，如：发丝、饰物、脸型的细微不同以及脸部的明显特征等。

你看，孩子们的作品能清楚地告诉我们他们需要学什么，那些作品是教师们每天都要去翻看和思考的"作业"。

2. 明晰教学的价值。

孩子们的作品告诉了我们他们需要学什么，那我们就可以来确定教学目标了。可是，我们很纠结。是学会画像还是学习观察？学会画像追求的是作品的完满，但孩子们存在千差万别的差异，这一结果的追求，显然不符合孩子们的实际。借用画像来练习观察符合孩子们的实际需要和不同的发展状态，可行。

看，我们在不同的价值目标中取舍，也明晰了为什么传统美术中过度追求作品结果的目标不可行，因为它脱离孩子们的实际，会让孩子们学得痛苦。也理解了新课程理念下关注学习的过程，关注个体差异的人本理念是多么地贴近孩子们的需要和实际。

教与学的相融需要从孩子那里了解他们需要学什么来确定我们需要教什么。

二、揣摩学习特点，建构教学方式

1. 兴趣是王道。

学习的高深意义和长远目标从来都不是孩子们参与学习的目的。喜欢、好玩、惊奇、刺激才是孩子们静下来学习或长时间参与的原因。从这一点出发，我们发现，孩子们即将毕业，他们在这一段时间内忙着制作毕业册，准备毕业礼物等，所以，画像的范例是作为毕业礼物呈现在大家面前的。这让孩子们觉得惊奇。当教师娓娓道来收到礼物的惊奇和感动是来自画面上细致入微的观察时，孩子们就不由自主地去寻找这些细致观察的蛛丝马迹了。原来，人有不同的脸型和发型，有不同的服饰和佩饰，有许多与众不同的特征。原来，把人画得像是需要很多时间、方法和心血的，那样的画是能够感动人的。这热门的话题，富有挑战的发现激发了孩子们尝试的浓厚兴趣，这一兴趣将支持他们自己坚持完成自己的学习，直至结果的出现。

有兴趣才能开始，把握兴趣才能学好，呵护兴趣才有长久的动力。兴趣是王道，了解兴趣、捕获兴趣、利用好兴趣才能启动有效的教学。

2. 学习就在身边

古时，我们的先人就擅长就地取材，因地制宜地来学习。孩子们最需要这样的学习方式，因为他们最为亲近熟悉的事物。孩子们的思维直观具象，无法远离他们已有的经验。所以，画像在第一课时就考虑从周围熟悉的人开始。在孩子们熟悉的对象中排查，如小伙伴、教师、父母、祖辈。我们将这些对象进行了挑战度分析：

一级挑战 "小伙伴"：人物线条柔和、变化多、特征明显，最为熟悉。

二级挑战 "教师"：女性居多，线条柔和、佩饰多，相对熟悉。

三级挑战 "父母"：男女特征明显，脸部线条变化大。

依据这样的判断，我们就从画自己身边的小伙伴开始了尝试。孩子们第一次将自己的伙伴看得那样仔细和清楚：

豆豆的头好大呀；

妞妞最喜欢蝴蝶结了，她总是带蝴蝶结发卡；

牛牛的眼睛好大，还是双眼皮；

峰峰的嘴角边上有颗痣，是黑灰色的；

……

孩子们没有感觉到难，画身边的人让他们彼此更加了解，更加亲密。画身边的朋友让他们觉得安全而有趣，画身边的人让他们的观察有序而稳定地推进。

3. 挑战可以 "隐形"。

挑战是学习的意义之一。但挑战在孩子们的学习中需要 "隐形"。挑战太直白，会吓走孩子们的学习兴趣。我们一起来看看在画像中被隐藏起来的挑战：

来自目标：怎么可以画得像？

来自材料：4 开的纸张大小要求孩子要尽量将人画大，这对画面布局提出了挑战；不同材质的纸张（铅画纸、沙皮纸、云彩纸）以及不同颜色的纸张（淡粉、黄、绿、蓝、紫以及深蓝和深红）都向孩子们提出配色的挑战和材料匹配思考的挑战；提供的辅助材料（水粉、油画棒、马克笔、粉笔）该如何使用呢？

来自对话：现在，老师好想知道，如果要把一个人画得像的话，要怎样做才行？（向孩子们提出了自我梳理经验的要求）

我们可以看到，这里的挑战来自多元的角度，不仅仅是语言表达。这里的挑战都纷纷指向美术的基本结构：形、色和质感，协助孩子们累积这些方面的经验，所以，学习才能有效。

孩子们只做感兴趣的事，我们就从兴趣入手建构教学；孩子们亲近熟悉的事物，我们就从熟悉的人开始观察和写生；孩子们不习惯说教，我们就将要求渗入到教学中提供的每一个材料、每一句话和潜在的目的中，让孩子们在"无形、无感"中愉快地接受挑战，发展能力。揣摩孩子们的学习特点，使我们能找到和孩子们沟通的最佳方式。

教与学的相融需要从孩子那里了解他们怎么学来确定我们怎么教。

三、借助游戏，实现对话

学习需要依托人们的思想交流和对话来沟通、理解、传承和启示。纯经验的讨论和分析是高度凝练和有效的，但孩子们的逻辑思维和注意稳定性都无法进行这样的讨论，那我们就借助游戏来展开吧！

1. 玩游戏，练观察。

我们来玩一个游戏："猜猜这是谁"。当 12 幅写生展现在大家面前，不云评论谁画得好和坏，而是来猜猜别人画的是谁，这让孩子们倍感轻松和有趣。第一次的自我审视和比对开始了。在人群中搜寻画板中的对象，仔细比对着各种细节，找到答案。在答对时练习了观察；在答错时纠正和调整了自我的观察方法；比对画同一个对象的画，那真是一场观察的较量。细节的区分历历在目，逼迫孩子们仔细分析和理解。大家都在玩游戏，可讨论的都是观察，游戏玩好后，获得的是观察的方法。

2. 来请教，理方法。

观察是有条理和方法的，教师一一说来，孩子们又能记住多少。经历了游戏的锤炼孩子们获得了许多的感性体验。那些体验能上升为经验吗？教师这样问道："现在，我很想知道，如果要把一个人画得像，要做些什么呢？"

幼儿："你要仔细观察。"

教师："怎样看呢？"

幼儿："从上到下。"

教师："能告诉我先看什么再看什么吗？"

幼儿："先看脸型、五官再看发型……"

幼儿："你必须在画的时候，一边看一边画，看到什么就画什么。"

幼儿："你要非常注意那个人的脸，看看他的脸上有什么特别的东西。"

……

换了一个角色，孩子们成了教师；换了一个角色，挑战成为孩子自身的职责；换了一个角色，说教变成了自我发现和梳理；换了一个角色，学习成为主体自我的需要。我们觉得这才是对话，因为对话的主体在角色意识上是平等的。也只有在理解和鼓励、接纳立场上的讨论才能实现对话。

在画像中，我们发现教与学多么不可分，离开孩子们的学法我们根本无法定任何的教法。他们相生、相依、相存。

在画像中，我们发现教与学本为一体，相互交织，教可改变孩子的学，充满积极、主动和热情的学又使教法充满灵动和力量。

31 幼儿园集体活动设计的"思"和"试"

集体教学活动是教师的最爱也是教师的最怕。最爱它的高效，一个教师同时组织三十多个孩子一起学习，高效简洁。最爱它的高值，检查时的必看，考核时的中心，教育能力的集中体现。同时，集体教学活动也是教师们的最怕。那是因为经常遇到选的内容好玩但教学不好玩，孩子教师都不喜欢，领导说教法单一、同伴说过程缺乏有效互动、专家说目标定位不清，总而言之，失败多于成功的体验，集体教学活动难啊！但我们仍需在"思"和"试"中来展开教学。

首先，请各位教师一起来读读《到底是哪个?》这本书，它是我的朋友胡老师、董老师以及熊编辑介绍给我的。我在一开始就要表示强烈感谢，因为没有她们的推荐，我和我的孩子们也许无法和它相遇，或许遇到了也没有那么深入地了解。

一、为什么选择这本书——教材选择的"思"和"试"

第一次看到这本书是董老师和熊编辑在给孩子们读。听着熊编辑的娓娓讲述，逐渐地被吸引进入了书的节奏。哪个是圆的?看画面显然苹果是圆的，翻了一页，问到底哪个是圆的?苹果吃剩下了苹果核，穿山甲团起来变圆了，好出乎意料的答案。就这样每一页的问题显而易见又不断出乎意料，每一组画面都充满变化，一下子将我拉进了这个变化着的世界。熟悉的事物，趣味的变化，充满哲理的认识，这以小见大的视角着实有味道。但历年的教学经验让我懂得一时的喜欢往往是一种冲动，需要推敲和斟酌。等等，我需要听听不同的人的意见。

董老师开心地介绍着她的发现：我在两个大班三个中班一个小班进行了集体分享。发现大班幼儿在听了第一对变化后马上悟出了结果可能会是相反的，在第二对变化提问时就已经说出孔雀开屏会变大。之后在一边共同分享阅读中一边非常积极地猜想。显然他们对会变成相反的结果已经了然，而对产生变化的原因更感兴趣。中班幼儿一般在第三对提问开始，感悟到结果会和前一页相反，但对产生的原因的探究会随着故事不断的递进而强烈起来。小班幼儿在绘本阅读分享时采用的也是边看边讲边议的形式。他们对画面上的动物更感兴趣，对变化的结果开始不敏感。直到蚂蚁变更长时，才对孩子们产生了冲击，他们马上迁移了日常生活经验：一个跟着一个走，蚂蚁排队变得更长了。然后对小蜗牛缩进壳变成球的情节非常感兴趣，讨论开始热烈起来。

三个年龄阶段的幼儿表现分别有以下特点：树、猫、鼠这一组都有强烈的思维碰撞，激烈的讨论，各种猜想。尤其是大班幼儿在这组猜想中思维更开阔。小班幼儿在答案揭晓后更愿意再来说说变化的原因。中班幼儿介于大班和小班两者之间。

熊编辑是这样说的：事实上，一开始我是从同事那里接手了这本书的编辑工作。因为最初不是自己选的，所以当时心中并未掀起很大的波澜。图书出版前，我在一次幼儿园教研活动中讲了这个故事，意外受到在场几位教师的喜欢。讲述中的每次翻页都有惊喜，现场的欢笑触动了讲故事的我。大人们喜欢，孩子们会不会喜欢呢？为此，我们做了很多的猜测。简单的故事却涉及复杂的概念，究竟适合几岁的孩子？孩子听了一遍知道答案之后还会再愿意听第二遍吗？题目是用《到底是哪个？》还是《究竟是哪个？》呢？诸如此类……等到书出来，送达孩子们手中，才发现所有的问题都不再是问题。孩子们很喜欢，无论小班还是大班；听完了还想听，虽然他们已经知道了答案。我想说，人和书的相遇就像人和人的相遇，开始也许并非一见钟情，可是那又怎样？谁知道下一页会发生什么故事？这就是我们身处的世界，充满变化的世界，有趣的世界。这就是我做这本书所获得的快乐，此时书名叫什么已不再重要，管它是哪个呢！总之，我要谢谢它就对了。

不知道大家有没有这样的感觉，有些人或有些话有时就像打鼓一样会撞击到你的心，尤其是那些你从来没有听到过的或是不同于你的视角的想法，就像这里用红色标记出来的语句，我总是在其中受到启发：

（1）撇开情感的喜好，董老师和熊编辑都能更为客观抑或深入地看这本书，而你仅仅停留在喜欢这个程度。比如熊编辑的思考提醒我这本书中以小见大存在的事理：世界的万物都是变化着的。这个复杂的概念适合我们的 3—6 岁的孩子们吗？还真拿捏不准啊！董老师对孩子们喜欢的试探让我觉得很有用，她说孩子们是喜欢的，而且三个年龄段的孩子都喜欢，为什么？董老师的孩子们有自己的感受方式和兴趣点，那我们的孩子们呢？他们对书的感受方式一样吗？

（2）一个阅读推广人享受着与书与人的相遇，享受着书与人相遇带来的乐趣。似乎我们目前对绘本的使用和思考沉重了点，那乐和趣是应该始终保持的味道啊，我能做到吗？

这些自己问自己的问题在我的脑海中不断萦绕，挡不住兴趣的驱动，回到学校我开始了尝试。和董老师一样去和每一个年龄段的孩子们讲故事，发现了各个年龄段孩子对绘本的反应：

表 5　不同年龄段幼儿对绘本《到底是哪个？》的反应

年龄段	表现出的兴趣	表现出对变化规律的感知
小班	喜欢，可以连听三遍	第二遍第三遍时，孩子们都无法发现规律，仍然是到第二页看着苹果核说苹果是圆的。
中班	喜欢，一样可以连听三遍	在第二遍的结束部分开始，孩子们发现了规律，在最后几个问题的第一页就直接说出了第二页的答案来。
大班	喜欢，连听两遍	第一遍的中间部分就发现了规律，第二遍基本全部都是这样的。

孩子们真的都喜欢，变化的事物对孩子们的吸引力实在是太大了，证实了董老师的话。此外，我从这些反应来看，觉得显然书的认知挑战度对于小班来讲是最合适的。现在，需要考虑一个问题：为什么要给小班孩子进行这个集体教学活动，有意义吗？

我觉得：书中出现的内容合适，具体形象，简单易懂。书里隐藏的节奏合适，这样那样，原来现在，不变和变，二二推进，重复演变，符合小班孩子的认知喜好。

现在就剩下最后一个问题了：让小班幼儿知道事物是变化的这样一个大道理，合适吗？从掌握的角度来看，不适合。从感知的角度来看，比较合适，比如从萌发了解事物有变化的兴趣，发现事物会变化的现象来看，非常合适。

问完自己那么多的问题，又回到我的初心——我喜欢这本书。看那让小班孩子心动的节奏：哪个是大的？到底哪个是大的？哪个是长的？到底哪个是长的？一样的问题但答案永远出乎意料。这变的节奏让人欣喜，充满了发现的乐趣。大小会变、形状会变、长短会变、高低会变，一切都会随情境的变化而变化，书里居然没有不变的东西，这本书将引导孩子们用发现的眼睛和可变化的视角来看世界，从而逐步萌发辩证的世界观。这以小见大的人文和探索并存的状态实在让人欣喜。此时，已经可以做一个决定了。

还需要再鼓励自己一下：在一切以幼儿发展为本的教育理念主导下，教师们在教学中往往会出现过度强化孩子兴趣从而弱化教师作用的现象。教师们在选择教材中总是对自己的喜爱犹豫不决。可我认为教育是一个教育者与被教育者共同参与的过程，师生双方的兴趣都决定了教育过程中情感的投入度，这是学习的原动力也直接影响学习的效果。所以，挑选自己喜欢的、感动的内容来实施，这也将促使教师能饱含激情地坚持在教学设计的始终。

到这里，大概经历了一周时间。从表面看，我什么都没干，但其实那一根思考的线索没有断过。这个过程好比我们选瓷器，总喜欢将它放在中间，从四面八方去观察，走远走近来确认它的美，提起放在灯光下看它的晶莹，手指轻敲听音来判断它的火候等等。从绘本到教材真的是基于观察儿童后的选择。

喜欢也许只是一种冲动。不能作为选择教材的十足理由，你需要从孩子们对内容的喜爱程度、内容的教育价值等多方面进行细致的推敲和判断，所以，别冲动。

朋友圈是好资源。不同职业，不同教育背景，不同思维方式的人之间总能碰撞出异样的思维火花。听听他们的看法，会让你更为理智、客观和全面地做判断，将一个事物看得更清楚。

选材的"思、试"轨迹

经历自己的尝试，不管别人如何描述，那也只是别人的经验，你需要拿着绘本去与孩子对话，建构属于自己的设计经验

喜欢，但也许只是一个冲动，需要推敲和验证

设疑、反问来推敲，思考教学意义、目的与孩子们的适宜性，作出正确的选择

朋友圈是好资源，听取那些你没有做过的事和不同于你的想法，它们会让你的判断走向理智、完善

图 1　绘本选材的"思、试"轨迹

要去经历属于自己的尝试。不要将别人的经验替代自己的经验，在未来的教学中你需要它来奠基。它也将提供给你做选择判断的最为直接的数据和感受。

设疑、反问来推敲。绘本如果作为教材使用就需要具有教育价值，这个是教学设计的前提，与之相关的教学的意义和目的的思考需要在初期建立，如果这些没有成立，那么再好玩的故事都不需要成为教学，看看也是乐趣。

二、为什么设计这样的书——教具设计中的"思"和"试"

还记得那张表吗？它显示小班孩子在听故事的第二遍和第三遍仍然会在看到苹果核时说苹果是圆的。那是为什么呢？大家都发现小班孩子对内隐的节奏变化不敏感可能源自对变化着的事物经验积累的不足以及思维能力的有限。孩子们需要推一把。怎么推？能让他们自己发现吗？此时，我的徒弟小罗的话启发了我，"小班孩子的活动要好玩，比如这里动动，那里说说，动动手操作操作学得更好"（讲的可是我们幼儿园教师心里的大白话，也揭示了教师们对小班孩子学习特点的了解）。

于是，就有了现在的这本书，它和原来的那本可不一样：教师会带领孩子们一起吃苹果。啊呜啊呜，边吃边撕下苹果块，在孩子们手舞足蹈模仿着苹果在手大口地吃着的过程后，就剩下苹果核了，教师问："现在，哪个是圆的？"小班孩子眨巴着眼睛愣了一会儿说："穿山甲是圆的"，那神情有着如梦初醒的感觉。当时的我感到很奇怪，一加上动作，孩子们忽然能发现现象的背后了，难道这动作也是"眼睛"吗？也能看到吗？于是，我们就想着能不能将变的过程动态地呈现出来，让孩子们在视觉和动感的刺激下发现变的存在呢。接着就有了：

翻动教具书：苹果一口一口吃掉了、穿山甲慢慢团起来了、孔雀一下子开屏了、蚂蚁一起来排队了。不过，我们还刻意地慢慢地变。

苹果分两口吃，为的是让小班孩子能模拟情境用力大声啃苹果，从中充分体验情境的乐趣。

穿山甲变圆慢慢来，以使孩子们看到团的过程，因为这个动物孩子们并没有那样熟悉。

孔雀开屏一定要慢慢地、骄傲地，让孩子们在视觉冲击下说出：哇！享受变的乐趣。

小蚂蚁的变化除了形态的变之外还有人文蕴含其中，为了让孩子们体会到团结这种情感的存在，我们将小蚂蚁排队出现分成了两步走，鼓励孩子们叫来更多的小蚂蚁，在变化中赋予了美好的情感。

看看孩子们的表情，他们是有多么地喜欢这些动态的变呀！令我意外的收获就是这动态的变为学习增添了很多的乐趣，使得学习更为轻松和快乐。

现在可以回答原先的问题了：它既是未然也是必然！

▶ **得了解孩子们与书互动的情况**

比如：看来小班孩子喜欢这本书，看来孩子们难以察觉变化规律的存在，看来孩子们由兴趣驱动甚至可以再读3-4遍，看来在第三遍的时候，好像有孩子察觉了等等。

▶ **得顺应特点找到解决的变法**

不可缺失的趣味，不能缺乏的动一动，一定要做到的发现，让变能否直观动态地呈现？

▶ **得分析现象的背后**

是在生活中缺乏对明显存在的变化现象的观察和积累吗？
是思维变通性训练接触得少吗？
是孩子们比较怯懦吗？
是与讲述的速度太快有关吗？

▶ **得一点点地做**

有想法后，不要一次做好，先做一点试一点，以免徒劳。

▶ **这本书是未然也是必然！**

图2　教具设计中的"思"和"试"

每一次我们都需要将内容交还给孩子，看孩子们与之互动的方式。孩子们流连的眼神、奇怪的表达、不经意的动作或木讷的神情无一不显示出他们对于这个内容的独特感知，这些都将成为你设计的依据。

观察要细致入微，不放过任何一个小细节，比如一个问题（可能显示兴趣和需要），一个触摸（可能他发现了你没有看到的）……分析要透彻，多元地呈现问题出现的原因。

情境不可缺，那是小班孩子投入学习的桥梁，但情境不可过，没有教育目的的情境是灾难，它让教师和孩子在教学中迷失方向。

正本清源。动动玩玩为途径引发学习兴趣，鼓励主动表达，此时正好。如若教学以追求兴趣、热闹为目的，那路就走偏了。每一个环节和方式在确立后都需要回到教育目标上去，考虑它是否有存在的意义。如果不能服务于目标的达成，再好玩也要放弃。比如，这个教具的动态呈现主要目的是引发孩子们对现象背后规律的发现，次要目的是进一步推动主动学习的兴趣。如果与教育目的没有关系，那也只得放弃。

三、那三个看似简单的游戏啊——教学环节设置的"思"与"试"

用了一个"啊"字，是因为心中感受到的来之不易，历时长久，苦思冥想和坚持不懈。

原来的教学中，看完那本有趣的书之后孩子们开始玩起教师带来的各种可以变化的东西（伞、拉伸玩具、变形金刚、小橘子），我们看着孩子们玩得很开心。接着我们准备了精致的道具——魔术帽，鼓励孩子们将在玩具中发现的变的现象告诉大家，说说笑笑中完成了教学。可是，心里却有了一块疙瘩，教学到了后半段"味道"没有了，这是为什么？在那些赞叹声中，我辨别着那些不一样的声音。

我徒弟说："师傅，后半截的感觉有点怪，好像跟前半段没什么关系。"

教研员说："好热闹的游戏，好丰富的道具啊！"

朋友说："岚，前半段很流畅，孩子们的认知在往上推，后半段感觉不舒服！"

是呀，和我的感觉一样，我知道教学的设计有问题，有遗憾。"断片"了，你看：

前半段的发现和感知：东西会变，可以这样，可以那样，比较后的结果也会变化。后半段的发现和感知：东西会变，可以这样，也可以那样。显然，难度降低了，自然幼儿的兴趣、活动的节奏都开始下滑。可这是什么原因呢？这个疑惑一直在我心中。

面对着所有的教学困难。有空的时候琢磨琢磨，没空的时候就不去想它，一直这样过了几个月。直到有一天看到一本书中谈到："教学中不可失去的环节就是看孩子们如何将获得的知识和技能运用到实际的问题解决中，这将使知识得以牢固，教学富有节奏，学习富有意义。"

茅塞顿开啊！问题的原因找到了，如果后半段让孩子们将前面的发现运用起来，那问题不就解决了吗？可是该如何做呢？顺着这样的想法思考下去，我在两三天里做了许多有益的尝试：

表 6　教学环节设置的"思"与"试"

想　的	做　的
孩子们在前期发现东西是会变的，而且比较的结果也会变，在实际中怎么运用？好像小实验最好，比如融化、撕纸……	没有尝试，教具太多了，而且实验的意义是什么？好像没有办法让孩子们发现比较的结果也会变呀。
让小班宝宝从自己熟悉的生活事物中习得比较好，比如：伞可大可小，球可圆可瘪，好玩，会有发现。	让孩子们试了，和原先的尝试如出一辙，孩子们沉醉在玩玩具上，忘记发现变化了。
看来，玩具的干扰很大，如果去除掉可以吗？从身体出发呢？比高矮、大小、多少？	效果真好，孩子们喜欢，因为是和教师比，孩子们在熟悉的对象上、简单的操作中努力地尝试让自己和教师有变化，来让结果与起先不同，这些游戏真的让孩子们把之前的发现运用到了问题的解决中。但三个游戏似乎难度都在一个纬度上，方式有些单一就会引发经验积累和思考的单一，还要改。
决定了，第一比高矮，从身体出发，第二比多少，由一及多，数量比较，第三比衣服大小，防晒衣是一个好用又便于折叠的适合小班的学具。	很好，从事理难度来说有发展，从自身出发到数量到自身的衣服大小。从挑战难度来讲一直有推进。

　　终于解决了一个搁置了几个月的难题，看到孩子们专注而闪亮的眼神，我真的非常非常高兴。回到出发点：

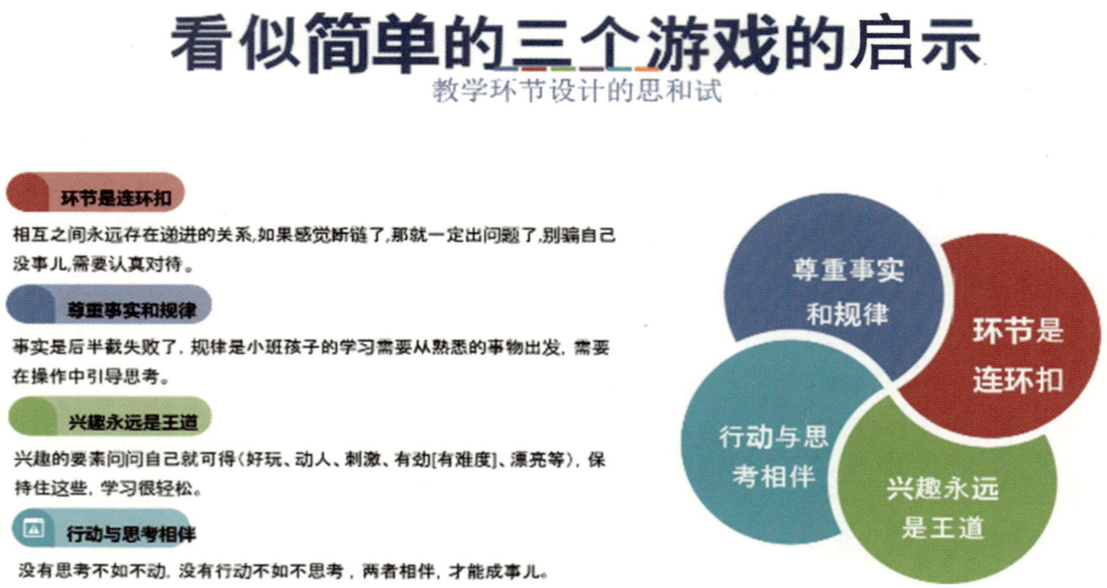

看似简单的三个游戏的启示

教学环节设计的思和试

环节是连环扣
相互之间永远存在递进的关系，如果感觉断链了，那就一定出问题了，别骗自己没事儿，需要认真对待。

尊重事实和规律
事实是后半截失败了，规律是小班孩子的学习需要从熟悉的事物出发，需要在操作中引导思考。

兴趣永远是王道
兴趣的要素问问自己就可得（好玩、动人、刺激、有劲[有难度]、漂亮等），保持住这些，学习很轻松。

行动与思考相伴
没有思考不如不动，没有行动不如不思考，两者相伴，才能成事儿。

图 3　教学环节设计的"思"与"试"

　　教学环节是连环扣，相互之间永远存在递进的关系，如果感觉断链了，那就一定出问题了，别骗自己没事儿，需要认真对待。

　　我们只能尊重规律和事实来做事和设计。事实是后半截失败了，规律是小班孩子的学习需要从熟悉的事物出发，需要在操作中引导思考。

　　兴趣永远是王道。兴趣的要素问问自己就可得（好玩、动人、刺激、有劲（有难度）、漂亮等），保持住这些，学习很轻松。

　　行动与思考伴随，没有思考不如不动，没有行动不如不思考，两者相伴，才能成事儿。

　　杨绛先生说的话："你主要的问题是想太多而看的书又很少！"所以，别老想着，很累，想不出就暂时搁置起来，不如看看更多的相关和不相关的书，一定会有启发。

　　对于一个教学设计的完善，形式、道具等你自认为有趣、花哨的一切都是其次，严谨而有效的设计思维才是主要。

第五章

"在观察中，学习研究你"

——课题研究案例

在一次绘本欣赏《美美的花园》时，我带着你们来到草地，鼓励你们脱去袜子体验一下青草摩足的美好感觉，却遭到了你们的拒绝：不行，草会弄脏我的脚的；草上有水的；妈妈会骂我的。……我目瞪口呆地站在那里，心中有了许多的渴望，渴望看到：你们面对罗丹的《思想者》时能自由地说出"那个人在打瞌睡"；你们听马克西姆的《野蜂飞舞》时会在教室中"人来疯"；你们念"风儿像顽皮的孩童，一会儿钻进草的脚底，咯吱得草儿笑弯了腰"时笑得前俯后仰。想让我的教育实施能成为你们释放天性，探索和创造的支持而非禁锢。于是，我从在观察中发现的问题开始，开展研究，形成课题，探索思考，创新实施。

我在研究中更清楚地"看见"你们，理解你们，信任你们，支持你们，让你们能向着美好灿烂生长！

32 幼儿视觉艺术教育活动中的对话教育研究

一、问题的提出

（一）概念界定

"对话"是指两个或更多的人之间的谈话，是人们通过话语进行思想交流的一种沟通方式。"对话教育"从操作层面来讲是指师生基于互相尊重、信任和平等的立场，通过言谈和倾听进行双向沟通、共同学习的教育方式。从理论层面来讲它是一种教育理念，是一种具有沟通、开放及互赢特征的教学精神。幼儿园"视觉艺术活动"主要是指幼儿选择运用生活中各种构型工具材料，塑造直观形象的艺术活动过程，包括绘画、雕塑、建筑、实用装饰和工艺活动。此外，幼儿日常对视觉艺术作品的感受与欣赏也属其中。

在幼儿园视觉艺术活动中开展对话教育则主要是以视觉艺术活动为重要载体，让教师与幼儿共同围绕艺术创作与鉴赏问题开展积极而深入的话语交流、研讨，以此来有效促进幼儿艺术素养、品质和自主独立人格的形成发展，推动平等、民主的新型师生关系的建立，增进教师对幼儿和教育过程的了解，有效提升教师的专业素养水平。

（二）研究依据

1.本课题研究符合幼儿美术教育的发展趋势。

随着现代社会日新月异的发展，今日，无论我们身在家中还是走出家门，身边都存在各种静态、动态的图像，令我们的眼睛随时都在"读图"，我们已进入一个视觉文化时代，现代社会的发展使美术的范畴越来越广泛，幼儿美术教育逐渐向"视觉艺术教育"发展成为一个必然的趋势。因为，一方面视觉艺术活动其表现的内容与创作手段有了很大的拓展。幼儿除了可以运用惯常的创作手段和表现形式外，还可以选择运用生活中各种的构型材料和科技手段进行各种形式的表现创作。另一方面也正由于艺术表现手段与形式的拓展，幼儿有了更丰富的想象与表现的空间余地，他们可以选择、控制和实践许多艺术的工具、材料，用各种视觉的形式创造性地表达自己对事物的理解、想象。同时，在视觉艺术活动过程中幼儿通过学习与欣赏周围环境中的各种艺术造型，还能学习和吸收优良的现代和传统的艺术及其表现形式，发展建立个性化的、超越一时流行口味的视觉美感标准，学会作出自我的选择和判断。在这样的活动中幼儿将艺术实践活动延伸到了多个领域，与自己生活建立了紧密的联系，并使之逐步成为个人生活中的一部分。显然，相比原本美术教育范畴，视觉艺术活动不仅对幼儿审美想象与创造能力的发展有着更大的意义和价值，而且还能无形中深深影响幼儿的生活态度、情趣及其个性与人格的形成和发展。

2. 本课题研究符合"二期课改"的基本精神。

无可否认，当下视觉艺术的兴起无疑为幼儿审美创造与健康个性的发展搭建和提供了一个新的发展平台，但是视觉艺术活动具有的巨大潜在发展价值不可能在幼儿纯粹的自我表现与创作中自动实现，而必须在艺术实践活动中通过与周围环境中的各种相关因素互动的过程中，尤其是与教师的互动中才得以实现。"二期课改"非常重视师生互动，注重教与学的共同体的建构。提倡教师在与学生的共同活动中树立起民主、尊重的儿童观和教育观，缔造关怀、接纳、理解的人文教育精神。因此，当前课改条件下开展幼儿园视觉艺术教育非常需要一种既能充分体现幼儿活动的自主性，同时又能发挥教师积极影响的有效实践方式与手段。对话教育是满足这一实践需要的理想选择。

一方面，对话能切实有效地转变教师的教育观念，形成平等合作的师生关系。对话中人与人的关系是一种平等的、尊重的、合作的关系，而不是教训与被教训、主导与服从的关系。

另一方面，对话中教师也可以发挥积极的影响作用。对话是平等的，对话者可以坚持自己的思想看法，享有被对方尊重的自主权利。师幼双方在语言的交流中，既敞开自己的精神世界，把自己投向对方，同时也通过倾听，理解并接纳对方的思想与情感，在相互间理解和沟通的基础上，进行充分的艺术见解和内涵意义的分享。

3. 本课题研究符合教学有效性的提升需要。

提升教学的有效性是当前各年龄段教育研究的重心。幼儿园美术教育长期以来侧重于培养幼儿的美术技能，教师作为美术技能的拥有者、输出者，在教学中具有绝对的权威。"教师示范，幼儿模仿"是现时教学方式特点的基本写照。教学中充满教师的声音，幼儿则基本处于"无语"状态。而艺术是无限伸展的，艺术教育的真谛在于是否能让孩子拥有一颗艺术的心去欣赏、感知和创造生活的美。有效的艺术教育更是需要鼓励幼儿去发现美、去个性化地表达感知、去大胆实践自我的艺术设想和创造。在视觉艺术活动中实施对话教育，一方面可以发挥教师智能性的中介的作用，透过与幼儿积极的对话，切实地感受与了解幼儿此时心理的发展状态及其创作表现的需要，感受与了解幼儿此时所面临的问题与困难，然后，适时、适地、适人地为其创设、提供与调整活动的环境、材料和方式以使活动的外在环境条件与其内在的情感发展与活动需要尽可能地相适应，满足幼儿在活动中的各种心理与环境需求。另一方面，借由对话教师不仅能深入细微地感受了解幼儿的内心需求，而且在此基础上能凭借自己专业的知识与丰富的生活阅历，与幼儿做坦诚的思想交流，给予各种所需的支持与帮助，鼓励和支持孩子多样的想法和表达，切实提升艺术活动的有效性。

（三）研究现状分析

本人主要搜集阅读了近年来国内正式刊物发表和网上刊载的论文。这些资料主要分成三部分：关于对话教育、视觉艺术教育基本理论研究和当前学前教育中开展对话教育的实践研究。

1. 关于对话教育的研究。

（1）对话教学基本理论的研究。

从 1995 年至 2005 年的 10 年里，我国关于对话教学的研究取得了丰硕的成果。从现有文献来看，迄今已发表学术论文计 100 多篇。

① 对话教学的本质。

有论者把对话教学的本质理解为：民主的、平等的教学，沟通的、合作的教学，互动的、交往的教学，创造的、生成的教学，以人为目的的教学。有论者从"存在论"角度理解，认为对话教学是一种超越"它"（世界）与"你"（世界）建立精神上相遇关系的教学，也就是师生间思维上的相互转向、心灵上相互回应的教学；而从认识论的角度理解，认为对话教学是一种开放、自由探究的理性思维碰撞，也是对话主体共同参与寻求真知灼见，并在此过程中启动、延伸睿智的教学。

② 对话教学形式。

关于对话教学形式，国内研究者的论述有以下几种。第一，两种对话教学形式：一是学生与作为文本的课程、教材的对话；一是教师与学生的对话。第二，三种对话教学形式：以言语为主要表现形式的言语型对话，包括师生对话和生生对话；以人与文本的相互理解与阐释为主要特征的理解型对话，包括师本对话和生本对话；以自我反思为主要手段的反思型对话，包括师、生的自我对话。第三，四种对话教学形式："以教师为中心"的问答式对话教学、"以学生为中心"的愤悱式对话教学、"师生关系平等"的交际式对话教学、"突出问题焦点"的辩论式对话教学。另有研究者认为包括如下四种形式：自我对话、生本对话、生生对话、师生对话。第四，五种对话教学形式：包括教师与学生的对话、学生之间的对话、学生与文本的对话、学生与自我对话以及作为教师与学生对话延伸而来的"人—机"对话。

（2）幼儿园对话教育实践的研究。

随着当前我国教育界"对话教育"研究热的兴起，在学前教育领域也已有一定的研究出现，但相对众多的基础研究论文，学前教育研究中有关"对话教育"的研究成果显得较为单薄，至今正式发表的论文不足 10 篇，另有几篇为网上所发文章。

从文章研究所涉及的内容看，其中大多是有关个人实践经验介绍的（如：对话是怎样产生的、教育活动中的师幼对话——高质量的师幼互动、感悟"对话"、实践"对话"、在与幼儿的对话交融中成长、与幼儿对话等），其中有两篇是专门介绍幼儿美术教育中对话教育问题的。如：走进对话的幼儿美术教育、在美术活动中为幼儿搭建对话平台。其他几篇分别是分析某类活动中师幼对话特点的（如：试论教育情境下的师幼对话）和分析实践中存在着的问题的（如：师幼对话中教师的话语水平及面临的挑战、师幼对话引发的教育契机、潜对话：师幼交往的新视角）。

（3）幼儿园对话教育中存在的问题有：

①　教师的主导性和权威性、幼儿的被动服从和执行。师幼互动中，幼儿发起的语言以请求、展示活动、寻求指导与帮助、告白等为主，而教师发起的语言则以要求、约束纪律、询问、生活照顾和指导、帮助等为主（哈依霞：《幼儿园师生互动的研究》，北京师范大学博士学位论文，2000年5月）。这类互动具有重规则性、多问题性、少情感交流和明显的情境性等特点，表现为教师的主导性和权威性、幼儿的被动服从和执行。

②　"对话"策略的缺乏。即使人们认识到"独白"式教育的弊端，并认同应改"独白"教育为"对话"教育。但是，人们对"对话"教育及如何在教育过程中体现这种教育依然迷茫。近年来，许多学者围绕这些问题作了一些哲学和理论层面的论述，但还缺乏操作层面的探讨。因此，幼儿教师还难以将理论运用于教育实践，从而在教育过程中与幼儿有效"对话"。

③　惯性的失调。在过去的幼儿教育当中，教师习惯"说教"和"灌输"，由于受到较多的批评，这种习惯不得不打破。假如新的习惯还没有建立起来就会出现困惑和尴尬。当然，新习惯的建立是一个漫长的痛苦的过程，它一方面要克服旧习惯的惯性动力，另一方面又要协调自己的行为和思想。所以，教育行为的改变往往滞后于教育观念的改变，此时，人们常常会"明知故犯"或"无所适从"。

④　传统的幼儿园美术活动中独白式的教学。教师经常会采用"独白"式的教学方式，教师和幼儿之间缺乏真正的"理解"和"沟通"。独白式的教学大大削弱了幼儿在美术活动中的审美体验和审美创造，使原本充满生命张力的美术活动变得黯淡无光。

2.关于视觉艺术教育的研究。

（1）视觉艺术教育基本理论的研究。

从收集的近百篇文献来看，视觉艺术教育的研究总体比较地集中在国外和港澳地区，研究呈现比较丰富的状态。

① 视觉艺术教育的本质。

有论者认为视觉艺术教育是有目的、有规范的，但它又是自由的，施教者和受教者双方以艺术品为中介，进行自由的情感交流。视觉艺术教育是自由的、协调的，既不像智力教育那样理论性和推理性，也不像道德教育那样严肃性，它是靠艺术教育媒介的魅力来吸引和实施：在艺术教育过程中施教者和受教者专注于艺术作品，超越了规范和技法，完全地处于精神的自由状态。审美带有令人解放的性质。

也有论者认为视觉艺术教育的目的不是像其他类型教育那样培养理性化的人，视觉艺术教育是根据受教者各异的气质、天赋、兴趣等进行教育的，它并不像其他类型的教育，培养理性化的个人。视觉艺术教育使他们合理地选择和发展自己的模式和固定的程序，它是自由创造的过程。在教学过程中，施教者不是别人思想和情感体验的复印机，被动地把艺术规律、欣赏和创作原则传授给受教者；它也不是"艺匠"仅仅只教会受教者艺术技能。在每次的教学中都针对受教者的自身特点对艺术作品进行创造性认识和体验以激发受教者的创造力和创造才能。只有这样，受教者才不是人云亦云、简单地模仿别人，而是具有个性的能够创造出自己的作品的艺术家。

② 视觉艺术教育的形式。

视觉艺术审美教育的第一种方法应是"寓教于乐"。我们所说的"乐"并不仅指普通意义上的那种快乐，而是一种关注，体验艺术作品中的美所能感受到的愉悦，或者说是一种被抽象化的快乐而区别于那种纯粹生理上的快感。这种"乐"不仅包括普通意义上的快乐，还包括接受蒙克、达利等那种表现主义和超现实主义的作品中的形式与形象所引起的快乐。

视觉艺术审美教育的第二个方法是"潜移默化"，可以使人们在不知不觉中享受美的韵律，又可以在精神上得到进一步的净化。视觉艺术教育不同于其他的教育，视觉艺术的审美教育所产生的影响不是通过纪律强迫约束获得的，也不是通过硬性的灌入获得的，而是在艺术作品中包含着的美和深层的意义，感染着、熏陶着受教者的结果。

（2）幼儿园视觉艺术教育实践的研究。

视觉艺术教育的兴起已有一段时间，但整体研究呈现出两个特征：其一，国内研究明显少于国外研究；其二，初高中学段教育明显多于基础教育学段的研究，与幼儿园视觉艺术教育开展的实践研究相关的文章寥寥无几。

从文章研究所涉及的内容看，其中大多是有关个人对视觉艺术教育在幼儿园开展的理论思考。其中有一篇是专门介绍视觉艺术教育在幼儿阶段有步骤地开展的具体方法（如：艺术材料的选择；与幼儿园其他课程的相融性等），其他几篇分别比较集中于视觉艺术教育中美术类活动的开展，对幼儿园视觉艺术教育的类别、特质和方法缺乏比较系统的梳理和呈现。

（3）幼儿园视觉艺术教育中存在的问题有：

①　研究比较浮于表面。国内幼儿园视觉艺术教育比较多的实践研究集中于对美术作品的欣赏上。从形式和研究内容来看，仍然只是立足于原有的美术教育做了延伸性的研究，对幼儿园视觉艺术教育的特质、涉及领域以及实施原则缺乏系统的分析和研究。

②　观念的接纳度低、慢。视觉艺术教育作为一门新兴的艺术类型，所倡导的是饱含自由的人文和渗入式的熏染，是一种具有高度开放性的艺术学习。这对于我们接受传统教育成长的教师来讲，在观念接受和实施策略的思考和形成上无疑都提出了挑战。

③　艺术经验的储备不足。作为一门新兴的艺术，视觉艺术教育中的艺术表现手段是丰富而多样的，如行为艺术等；表达语汇涉及多个领域，如：文学、美术、舞蹈等。这对教师的艺术经验的储备提出了很高的要求。教师需要不断地学习和成长才能适应视觉艺术教育的研究和发展的需求。

3.关于幼儿园视觉艺术活动中对话教育研究的不足。

综合上述资料，现今有关幼儿园视觉艺术活动中对话教育的相关研究呈现出这样几个不足：

（1）研究课题的面较为分散，缺乏对解决课改中基本问题有重大影响与价值的研究。

当前课改进程中面临许多瓶颈与困难，其中基本的就是怎样真正将师幼平等的理念融汇体现于实践过程中，对话教育无疑是一种非常有价值的实践策略与方式。但实践中究竟怎样引入与开展，在目前幼儿教育研究中没有引起足够的重视，也更没有这方面相关的重大课题产生，这是当前课改进程中教育研究的一个很大缺憾。

（2）较少有真正从实际问题引发的深入研究。

应该说，近年来对话教育对促进幼教课改的意义逐渐为人们所认识，相关的研究开始增多，但现在较多的，主要是根据课改精神论述对对话教育意义的理解和体会，而缺乏从实际问题引发的深入研究，有些虽然也从实际问题出发，但反映的问题还是比较表面和浅层的，未能意识到与抓住真正的关键问题。

（3）研究比较粗略、浮于表面。

尽管所有的研究都针对了对话教育实践的某些问题，但许多研究对问题的性质、意义、背景分析不够，导致研究过程的粗略、简单和随意化，所研究的内容比较表面，研究的结果缺少发现与创新，许多研究仅限于个人对理念的感性理解和体会认识，一些实践的内容主要被用于实例说明。

（4）缺乏对幼儿对话中表现特点与规律的研究。

实施开展对话教育的基础是教师对师幼对话过程的特点与规律的认知与把握，其中最基本的无疑是幼儿进行对话时其心理、语言与对话技巧的知识规律。但从现有文献看，几乎没有一篇是专门研究分析幼儿的。如此造成现今所开展的师幼对话研究都不够扎实，可以想象，缺乏这一基础的一些有关对教师对话中方法策略的研究也只能是蜻蜓点水，比较空泛。

可见，在幼儿视觉艺术教育中探索开展对话教育的研究对教育过程中建立师幼的平等关系，在促进幼儿自主学习的同时，发挥教师教育过程中的教育影响有积极的意义。而且通过对话，可以全面提高幼儿的基本素质，也有利于提升教师的专业素养。正是在此背景下我们提出了这一课题的研究。

二、研究概况

（一）研究目标

1. 实践目标。

本课题研究通过在视觉艺术教育活动中师幼对话的实践，来切实提升幼儿视觉艺术活动的有效性，优化活动过程，促进幼儿艺术素质的提高和发展。

分目标：

（1）丰富幼儿园艺术教育的种类和形式，提高幼儿园艺术活动的有效性，优化活动过程。

（2）提升幼儿审美的情趣和能力，促进幼儿对艺术的多样感知和表达，促进幼儿艺术素养的发展。

（3）促进教师对幼儿园艺术教育的深入理解，形成开放、实效、平等的艺术教育观念和方式。

2. 理论目标。

深入探明师幼对话的特质及其意义、提升师幼对话意义的策略与方法，从而为视觉艺术教育，乃至整个幼儿园教育过程中教师有效地运用对话方式开展教育提供基础。

（二）研究方法

本课题主要采用行动研究法，辅以案例研究、经验总结法。

行动研究的基本程序是：计划——实施——观察——调整。研究过程中，先拟定第一步行动计划方案，包括课题研究的背景思考、意义分析、目标定位、内容构建、途径选择、策略拟订、方法确定和操作步骤设计，然后，依据计划方案，开展对话教学，推进课题研究。在实施过程中，对对话过程做好及时记录，并仔细观察幼儿在对话过程中、后出现的变化，做案例研究和分析。同时，在研究的不同阶段及根据不同研究任务的需要，结合运用资料分析、理论思辨、样本调查、经验积累、实践探索等多种研究方法，对形成的经验进行总结。

（三）研究过程

1. 启动阶段：2007 年 12 月—2008 年 2 月。

（1）确定研究的课题。

（2）积极收集、研究有关的资料，开展相关理论学习，分析了解课题研究所面临的问题与需要。

（3）作好课题研究前必要的准备工作。

2. 实施阶段：2008 年 3 月—2009 年 6 月。

第一阶段：2008 年 3 月—2008 年 4 月：

（1）对国内外相关研究进行系统的学习和分析，理清思路，澄清概念。

（2）收集教师目前艺术活动中的对话案例，找出存在问题、分析原因。

（3）对研究方案至具体实施进行一次较全面的反思、修订、补充与完善，继续拟定下一学年的研究计划。

（4）确立实验班级和对象，参与教师形成研究意向的统一。

第二阶段：2008 年 4 月—2009 年 6 月：

（1）定期通过实验班和观察对象（幼儿和教师）的对话案例进行收集和整理，寻找出经验和问题，及时进行分析和调整，形成一定的经验。

（2）将上一阶段收集的国内外教育策略按照本园幼儿、实验班幼儿的实际情况进行逐步的实验性尝试，并及时跟踪和记录效果分析。

（3）定期邀请专家和骨干教师对相关案例进行诊断分析，在广泛的基础上提升出核心的经验和策略。

3. 结束阶段：2009 年 6 月—2009 年 9 月。

（1）汇总各种研究结果材料，对一年多来实验效果和其他各项研究结果进行全面的整理、分析。

（2）对整个课题实践研究的过程进行全面的分析、反思，总结课题组织开展中的一些成效得失和做法经验。

（3）撰写与完成有关的研究成果、报告。

三、研究实施

（一）幼儿园视觉艺术教育中对话教育的类型与实施途径

对话教育按不同的关注点和对象之间的相互关系，有着较多种类的分类。本课题主要是以视觉艺术活动中两个对话的主体——教师和幼儿在不同教育情景下的主体关系的转换为分类标准的，我们将对话教育大致分为以下四种。我们将通过一个课例《名画欣赏：大碗岛的星期天下午》来介绍对话教育在视觉艺术活动中的不同种类以及开展的主要途径：

1. 祈使式对话。

以陈述为主的对话。发起者多是教师，多为告诉幼儿今天活动的内容和活动建议等。祈使式的对话直白明了，故以讲述多，倾听少，常常被用来作引导性的语言来导入主要话题。以陈述的语言将自己与作品先期的对话、对幼儿的认识表述出来。将幼儿的注意力引向中心话题。祈使式对话虽然以教师表述为主，但却不是以教师主体经验出发为主的对话。在进行祈使式对话前，教师需要做足"功夫"才能使祈使式对话成为引导而不是灌输，成为建议而不是限制。

今天，孩子们和教师一起欣赏修拉的名画《大碗岛的星期天下午》，为让孩子更好地理解画面，教师配合着悠扬的吉他声、看着画面说道："夏天的一个周末，人们都来到了美丽的大碗岛……"

首先，教师在进行祈使式对话之前，需要与作品对话，将欣赏对象的背景和欣赏点做全面的了解和分析，找出对眼前的孩子最有价值和适宜欣赏的点。

其次，教师在进行祈使式对话前，需要认识幼儿。了解他们感受画面和理解事物的特点，有的放矢地运用幼儿能接受的方式来陈述，如：教师找出了西班牙古典吉他演奏的乐曲来配合画面的解读，孩子们一下子被吸引到了画面度假的情景中，开始了对画面的感知。

2. 倾听式对话。

并非说话，而是对话双方特别是教师不带任何抗拒、发自内心并乐于接受别人影响的倾听。说话的多是幼儿，多为表达自我的理解、感受和创想，教师以听为主，通过自己的眼神、表情、动作来传达关注和理解。倾听式对话是幼儿视觉艺术活动中最为主要的对话形式，是语言性对话的基石，教师需要很好地掌握倾听式对话，才能洞悉幼儿的内心，建构有效的对话。

教师的娓娓叙述刚起了头，一个男孩举起了小手，并说道："老师，这不是夏天。"教师的话音戛然而止，教师迟疑了一下，娓娓地问道："如果不是夏天，那是什么季节呢？"教师用亲切的眼神和语气鼓励着孩子往下说，男孩说："是秋天。"

教师："能告诉我们，你是从画上的哪些地方发现这是秋天的吗？"

此时，教师挪动了下身体，往男孩的方向前倾了一些，这让孩子更来劲了，开始侃侃而谈自己的看法。

男孩："我发现大碗岛的海面上只有人在划船却没有一个人游泳。如果是夏天的话，人们度假一定会游泳的……。"

艺术的无限伸展性决定了艺术见解的多样性。孩子们的观点往往会与教师不一致。这时，我们需要正视幼儿的观点，将自己的判断高高搁置起来，去聆听孩子们的观点和见解，去洞悉孩子们的理解和能力，去支持孩子们的思维和表达。搁置己见才能使对话流畅，避免争执和对抗；搁置己见才能使观点碰撞、才可能有真正的对话；搁置己见才能实现倾听式的对话。在运用倾听式对话时，我们可以这样做：

提醒自己这时尽量站在孩子的立场上来理解并欣赏其作品，同时，相互之间保持亲密的距离（如让孩子坐在自己的身上），让孩子感觉在聊天，感受到接纳。

当你感觉需要理解孩子作品的创作意图或观点时，不妨将孩子放在上位，自己只是因为困惑而求教于孩子，而不要出现否定性的口气，更不要有否定性的用词，因为孩子们很敏感。

遇到孩子欣赏创作中的一些奇特之处时，不需要去想这是对还是错，或好还是坏，尽可能地多听听孩子自己的想法。

3. 互应式对话。

最为常见的对话，在一问一答的过程中形成思想的交流和碰撞。发起者来自幼儿和教师双方。提问是互应式对话的核心，常常是为了解决某一个问题或对事物的理解存在歧义时进行的讨论或辩论。可以是来自于幼儿的询问或出自教师的探问。

教师和孩子们之间的对话仍在继续：

教师："说得非常有道理，还有其他的原因吗？"

男孩："大多数的人穿的衣服多，很少人穿着短袖和马甲。"

这个男孩的发言如一石激起千层浪，孩子们踊跃起来，有的说："这不是秋天，因为树荫下的草地是深绿色的，秋天的草是黄色的。"

男孩立刻回应道："那是刚刚从夏天到秋天，草还没有来得及变黄。"

还有的说："那为什么女孩都撑着小阳伞呢？"

一个小女孩站起来说道："那是因为穿着裙子、撑着阳伞在海边走是很漂亮的。"

教师接言："看来，这也是你的梦想，要是你穿着裙子，撑着小花伞在海边散步一定也非常地美丽！"

女孩用手捂着嘴大笑后坐下。

这段对话中，师生的对话不仅表现为提问与回答，还表现为交流与探讨。相互作答，相互回应，在一来二去中共同品味作品和分享幸福体验。在互应式对话中，我们也积极鼓励生生互应对话。幼儿之间的个体经验相差无几，他们之间的对话，容易相互感染，互为补充。同时，生生互应对话能充分满足每一个孩子的心理需要，提供给每一个孩子表达自己观点和看法、倾听他人意见的机会。

4. 反思式对话。

主要存在于师生的自我对话中．是个体对自身内在经验和外在世界的咀嚼和回味，认识和探究。它常常伴随教师和幼儿在与作品、伙伴互动的过程产生，是对话在意识和认识上的升华。

孩子们的发言完了，教师开始了梳理和总结：

教师："今天，老师真高兴，区为××的好问题，让我们的眼睛到画面的每一个角落去旅行了一次。我们看得可仔细．人们的服装、草的颜色、海面上的活动甚至小女孩的心思都看到了，真了不起！像这样看清画面的每个角落，边看边想的办法值得老师学习，谢谢大家！"

反思式对话是对话教育中最具意义的部分。它是对话的精髓和升华，它让对话使个体实现超越的可能。这里的一段总结（反思式对话）是教师在整个对话过程后，对自我的一个反思，对孩子表现出的各种理解能力和方式的肯定和鼓励。这段反思式对话也引导孩子去思考话语的背后，去理清观察的思路，获得欣赏的方法。同时，反思式的对话使教师在与幼儿共建的学习共同体中的位置有了清晰的表达。这里没有高高在上的师尊，有的是平等的、合作的学习伙伴。

（二）幼儿园视觉艺术教育中对话教育的实施原则

1. 互动交流。

对话是对话者双方间的一种话语交流，通过这样的交流，彼此的认知与情感得到一种交汇，从而使双方真正对起话来。如果在这过程中只有一方的话语表述，另一方只是沉默，或随声附和，就不能产生对话中的意义交流。因此，互动性是对话教育最基本的原则。

2. 民主平等。

对话交流不是对话双方间简单的意义传述，而是要在相互的表述、倾听中感受、理解、尊重、宽容对方的观点和立场。这才是真正的对话，要在教育中做到真正的对话，其前提是师幼间相互的平等。没有平等，就不会有对话的自由；没有对话者的真正自由，就不会有对话的精神和氛围；没有对话的精神和氛围，当然就不可能有真正对话的发生。教育中的对话正如《论对话》的作者英国理论物理学荣誉教授戴维·伯姆所形容的那样，"仿佛是流淌于人们之间的溪流"，对话的双方可以在自由的交互中达到深层意义的沟通。幼儿园视觉艺术教育中的民主平等氛围的营造能引导孩子们逐步进入"杂语喧哗"的兴奋状态，只有在这样特定的学习"狂欢"世界里，才能真正实现幼儿思维的畅想，对艺术感知的自由。

3. 碰撞交融。

对话的目的是交流。由于对话各方认知、经验、价值观等的差异，对话过程中不可避免地会产生认识的差异，甚至对立，当对话双方充分全面地述说了己方的思想与观点时，对话才能被充分地展开。在戴维·伯姆看来，对话是没有功利目的的，"每个人都认真地倾听他人的意见和想法，每个人都彻底地表达出他内心深处最真实的想法和看法，然后让不同的观点和意见之间彼此碰撞、激荡、交融，从而让真理脱颖而出"。如此在对话中碰撞，碰撞中显现和发现真理。因此，对话不是简单的妥协，不是让对方接受自己的观点，而是在申述、思辨与理解中揭开迷雾，发现真理。

4. 理解包容。

对话中双方的认识差异必然会产生思想的冲突，对话的目的既不是让一方完全接受另一方的认识想法，也不是简单寻求消除双方的认识差异。对话不是"辩论"，不是"谈判"，也不是简单地接纳，而是包容地理解。当对话双方均能包容理解对方观点时，对话中才会有尊重产生。

在教育活动中要开展对话，无论是教师还是学生，都要"搁置己见"，从理解的角度去看对方的意义表达。教师要真心地去理解学生的"理解"，而不是以自己的理解代替学生的理解，或者要学生接受自己的理解。当然，在对话中，教师也会有自己的看法，学生也要去理解教师的看法，在这种具有包容的理解活动中发展自我的独立分析和判断能力。

5. 精神共享。

在包容、自由的对话中，对话双方在思维碰撞、激荡、交融中，经常会产生智慧的火花，显现出真知与灼见。对话能引领人们去发现真理。后现代主义认为，人需要分享意义。对话为这种分享搭建了平台。在对话过程中，每一个参与者都应该有共享意识，都应该成为集体性思维中一个和谐的音符；任何信息都可以在对话者之间流动和交换；每一个人都参与并享受群体中所有人的全部意义，既参与其中，又分享彼此。这就是真正意义上的对话。对话作为"精神共享"的形式，在教育中发挥着重要作用，可以使师生达到"教学相长"的理想境界。

（三）幼儿园视觉艺术教育中对话教育的实施策略

1. 创设对话的情境。

艺术的表达需要自由自在的心灵空间。对艺术的感知是个人情感的流露，而每个个体的情感又有着千差万别，教师需要具有极大的包容感来认同不同的艺术语汇和幼儿理解、想象的差异，给予不同的想法以关注，给予不同的理解以尊重，给予不同的表达以支持，才能营造让孩子感到安全、自在、积极的氛围。这也是师幼之间实施对话的基础。

（1）满足幼儿心理需求。

在传统艺术教育中，教学往往成为教师或家长追求艺术技能成熟的载体，而忽视作为学习对象的幼儿自身对艺术的感受和表达自我情感的需求。两岁的孩童就有涂鸦的需要，会拿起画笔尽情地涂呀画呀，因为那是他们天然的表达，是孩童心声的流露，是快乐的宣泄、是满足自我的重要手段。谁都不可忽视艺术是幼儿本体需要的事实。当孩子面对罗丹的《思想者》时让他自由地说出"那个人在打瞌睡"；当孩子们在听马克西姆的《野蜂飞舞》时容忍他们在教室中"人来疯"；当孩子们听你念"风儿像顽皮的孩童，一会儿钻进草的脚底，咯吱得草儿笑弯了腰"时和他们一起笑得前俯后仰；当他们在看修拉的《大碗岛的星期天下午》时和他们一起躺在地板上闭目想象，深入作品中那嫩绿的草丛中去体会。这些看似"过激"的行为都是孩子对于艺术作品的理解、感受的本真流露，都是孩子在欣赏过程中获得的快乐体验，都是孩子艺术感知和表达的自然需要。教师需要在教学中留出这样的空间，让孩子能在满足自我的过程中感受艺术、理解艺术。

（2）建立师生情感纽带。

爱是对话的核心，对话的双方是彼此"相爱"的。在对话中"爱"解释为相互的关注、体贴、包容和理解等。当孩子说话时用专注的眼神注视着他；当孩子想要和你讨论时把他抱在自己的腿上；当孩子对自己的想法感到局促不安时紧握住他的小手；当他大胆地说出自己的想法时高声地赞扬和抚摸孩子的脸庞。教师的每一个"给予"换来的是孩子的亲近和信任。教师需要在日常生活中逐步与幼儿建立起感情的纽带，使彼此之间拥有足够的亲密感、信任感和适宜的相互依赖度。这将为对话提供牢固的情感基础，使双方在对话过程中避免伤害、获得满足。

2. 引出对话的内容。

不管是图画、绘本、视频作品，每一件视觉艺术作品都交融了情节和情绪的发展。这些特征使得作品具有了情境性。而对话中运用的语词特点又与作品的情境密切相关。由此，我们可以看出视觉艺术教育中的对话具有明显的内在情感与臆想的特点。对话中教师从外在于学生情境转向与情境并存，教师是内在于情境的领导者，而不是外在的专制者。构建一个能让作品、幼儿、教师进入相同的情境中，彼此之间具有情感对等、交流互通的平台来实现对话，引出话题。

（1）创设与作品相呼应的环境。

《亲爱的小鱼》这个绘本欣赏中，为让孩子理解猫的孤独和寂寞以及对小鱼强烈的思念之情，教师在小猫面向大海，略带伤感的背影的主画面下配置了"蓝色的大海"和大大小小的"礁石"，并让孩子们坐在礁石上等待小鱼的归来，体会猫的孤独和伤感。当教师说道："面对大海，猫是如此地思念自己的朋友，终于，它忍不住对着大海叫了起来……"此时，孩子们开始从礁石上站起，对着大海说出猫对小鱼的思念。我们可以看到，这个与作品呼应的环境将孩子们带入了猫的心灵，孩子们的心与猫的内心紧贴，体会到猫的快乐和忧伤。环境的创设使幼儿与作品的内涵对话成为可能，引出了幼儿内心情感的喷发。

（2）努力与孩子"同感"。

孩子们感知不同艺术作品具有不同的特点。与孩子保持同步思考和感受是为了在对话过程中产生"同感"。唯有具有相同感受和体验的对话，双方才容易产生情感呼应和共同话题。同步思考要求教师要深入观察，了解不同幼儿对各类艺术的感知特点；要求教师要学会等待，不急于将自己的想法亮相，不追求经验的叠加；要求教师放下自我，走入孩子的通道来发现和体会，抛弃传授，追求内心的贴近。

3. 解决对话的问题。

（1）学会情感移入式倾听。

情感移入式倾听是指教师设法从孩子的观点来理解孩子的感受，并把这些情感反馈回去以帮助孩子解决问题或触及经验的核心。要做到情感移入式倾听，我们需要：

首先，识别幼儿的情感，了解幼儿的当前感受。孩子的作品反映他们的所见所闻、所有和所无，更是心声的流露。如：孩子们的画像可能会告诉教师他的观察以及经验感知特点，孩子的话语会传达他的情绪。孩子的哭声也许是需要你给他倾诉的机会。

其次，倾听叙述，发现问题的存在。集中精力，表示出对事情的感兴趣才能让孩子将自己的经验和想法一股脑儿地倒出，才能发现幼儿在艺术表达和感知上的特点和存在问题。离开倾听叙述的过程所给予的支持往往是没有作用的。

最后，让幼儿看到解决问题的方法。倾听所带来的准确解读使教师的支持变得有效。教师发现孩子思维特征所导致的观察"盲点"，可以通过提问和生动的模仿来启发幼儿。然后，通过有目的的提问引导孩子观察变化，发现问题的存在，重新建构表达的经验。

（2）善用语言交流技术。

语言是对话双方表达艺术感知和情感的主要工具。视觉艺术中的对话教育也主要通过语言来实施。教师和幼儿主要通过语言来获得对方的理解、完成与对方的沟通。所以，教师需要在视觉艺术活动中根据幼儿的情况适时、适地、适人地运用行之有效的语言技术来推进幼儿的审美发展和艺术感知。孔子说："工欲善其事，必先利其器"，而精纯的语言技术就是有效对话的实施工具：

探问以助经验积累。在孩子们的心里总是有很多的事物需要表达，但由于受到能力和经验的限制，他们往往出现"词不达意"，表达跟不上理解的现象。这时，我们可以用探问的方法，来摸索孩子的已有经验，将表达的难度分解，为孩子的表达搭设理解的台阶。如：有孩子想要画看猫眼（门镜）的人。看猫眼虽然是经常的活动，但由于猫眼的位置高，大部分的孩子是缺少实际的经历的，这使得孩子的表达遇到了很大的困难。教师从一起模仿动作导入，让孩子放松下来，再将一个困难的表达逐步分解：爸爸妈妈是怎样看猫眼的？（学学做做）——做这个动作时眼、手、头是怎样的（观察自己的动作、分析自己动作的表现要素）。通过探问的方式层层递进、逐步帮助孩子不断积累相关的体验和经验，帮助孩子最终成功画出看猫眼的画面。

讨论形成学习共同体。师生间的讨论是为了共同商讨解决问题或交流体验，在讨论中孩子往往会获得很多的信息来拓展思路。教师和幼儿之间相互分享智慧和思维，成为一个学习的共同体。如：晶晶想为毛巾桶设计一个大头娃娃的造型。最后，当她将做好的娃娃头贴在毛巾桶口时却发现桶盖打不开了。晶晶犯愁了，她来到教师身边问："老师，需要多大的嘴巴，盖子才能打开？"

教师说："你知道盖子打不开的原因吗？"

她说："嘴巴太小了。可是，娃娃没有那样大的嘴巴呀！"

教师说："我想，如果有这么大头的娃娃，可能就会有不可思议大的嘴巴，你说呢？"（教师暗示了夸张表现手法的合理性）。晶晶最终的成功是师幼对话的结果，教师在讨论中给了感到困惑的晶晶许多的启示，让晶晶能接受夸张的表现手法中不合常理的合理性。同时，讨论使师幼双方成为亲密的伙伴，在相互陪伴中共同学习和经历过程。晶晶的大声庆贺"我们成功了！"是对教师的接纳，是对教师支持自己想法、给予自己启示的感谢，是为师生愉快合作的欢呼。

4.评价对话的结果。

（1）及时反馈。

幼儿的心是敏感而脆弱的。特别是与成人（教师或家长）相处时，孩子会非常在乎成人的评价。对于成人来说，评价的启示效应是通过及时反馈来发挥作用的。及时有效的评价可以帮助幼儿确立适当的努力目标，并产生与评价相对应的喜悦和不满，从而更加努力。对于幼儿期的孩子来讲，对话中的评价应以积极鼓励为主。一般有这样的一些方式：

言行举止式评价：通过赞许的神态、关注的目光、微笑的面容、积极的动作给予孩子随时随地的评价、给予孩子继续努力的支持。

伴随过程式评价：用语言做出评价，伴随整个对话的过程的始末而不是只在结束的时候评价。伴随整个过程的评价能在对话过程中不断强化学习的动机，使对话的过程充满积极和生机。

（2）具体明确。

有效的对话中的评价应该是具体明确的、描述性的。我们可以看课例《大碗岛的星期天下午》中教师的评价："因为××的好问题，让我们的眼睛到画面的每一个角落去旅行了一次。我们看得可真仔细，人们的服装、草的颜色、海面上的活动甚至小女孩的心思都看到了，真了不起！像这样看清画面的每个角落，边看边想的办法值得老师学习，谢谢大家！"我们可以看到，教师的评价有着明确而具体的反馈内容。明确的反馈让幼儿在其中发现有价值的具体做法，明确的反馈反映的是客观事实，很少掺杂个人的主观因素和价值判断。

四、研究成效

幼儿园视觉艺术活动中的对话主要是在视觉艺术活动过程中，教师与幼儿就活动中的各种问题进行深入、细致的话语交谈，交谈中了解彼此的情绪感受、问题理解与看法及其相关的基本出发点，同时，也在交谈中进行彼此情感与认识的沟通与融合，以此来实现教学中师幼的合作、发展与推动。在这种对话中，师幼之间是一种平等的伙伴关系，彼此能够敞开心扉，进行轻松与坦诚的交流，从而使交流达到心灵沟通的层面。我们感到，这一方式的运用不仅有效地促进了幼儿艺术素养品质和自主独立人格的形成发展，而且还改善、形成了师幼之间的平等、合作关系，它是在当前课改背景下非常值得重视与运用的一种教育方式，对推进和深化课改的精神有着积极的意义和作用。

1. 对话中教师充分满足幼儿创作与成长的多方面的发展需求。

幼儿视觉艺术活动是一种意象理解与创造活动，具有想象性、体验性、情感性、意蕴性、内在性特点，而此时处于幼儿年龄阶段的他们，其经验与能力又是非常不充分、不完备的。这样的特点决定了幼儿此时的艺术创作不能是一种单纯的过程，而是在自主活动、展现潜能的同时，必须与环境进行积极的互动，进行感受与学习，获取支持与营养。在此过程中教师通过对话方式，一方面可以发挥智能性的中介与平台的作用，透过与幼儿积极的对话，切实地感受与了解幼儿此时心理的发展状态，感受与了解当时特有的心理活动及其创作表现的需要，感受与了解幼儿此时所面临的问题与困难，然后，适时、适地、适人地为其创设、提供与调整活动的环境、材料和方式，甚至改变原先的活动目的与预期，由此，使幼儿活动的外在环境条件与其内在的情感发展与活动需要尽可能地相适应，满足其活动中的各种心理与环境需求。另一方面，借由对话教师不仅能深入细微地感受了解幼儿的内心需求，而且在此基础上能凭借自己专业的知识与丰富的生活阅历，与幼儿作坦诚的思想交流，给予各种所需的支持与帮助。

2. 对话中幼儿能形成开放、健康的个性。

视觉艺术活动中师幼对话不仅能让幼儿在自主的过程中进行艺术的实践与创作，而且这一对话的过程还能深深地扎根于心灵，对幼儿良好个性与人格的发展产生深刻的影响。

对话的实质是对话一方对另一方观点、立场、认识的了解与沟通。因此，对话中要了解对方的思想，必然作为表态者的一方来说就必须感觉在非常安全、自在、积极的状态中。只有在这样的状态中，他才有可能坦露，并且积极、深入地表达其个人的思想与感情。在适宜的对话氛围中，不仅教学互动的效率高，且更重要的是在这一过程中幼儿体验到了被尊重、理解的感受。这种感受的产生和强化无形中会培植与形成幼儿的独立人格。同时，从艺术作品欣赏的角度讲，任何一件艺术作品在不同的时代、不同的场合，甚至对于不同经历的个人来说会不断显示出它的多种意义。只有在对话的过程中，不同欣赏者对作品的各种不同的感受、理解才可能真实、畅达地体现出来。视觉艺术活动中的互动对话能够让教师、幼儿与艺术作品三者之间相互作用和相互交流。这种交流使得艺术探索和感知的过程成为教学相长、共同建构经验的过程，幼儿成为充满灵性的生动个体，他们的个性受到珍视和尊重，他们对艺术的主体感知能得到充分体现和弘扬，逐步产生独立的艺术见解和健全的人格。

3. 对话中能极大地提升教师的专业知识与素养。

教师专业发展最重要的是实践智慧与能力的成长。幼儿视觉艺术教育中的对话过程无疑为教师的这种实践智慧与能力的形成与发展搭建了一个非常有益的平台。幼儿视觉艺术教育中的对话内容具有的内在情感与意象的特点使教师注意从对话中更多地洞察了解幼儿的内心世界与需求，能够放下自我，走进幼儿的情境、幼儿的情绪和情感中去。在幼儿实际发展状况的基础上去积极地影响与指导幼儿。在这种对话中教师能更深入地了解幼儿，能更清晰地把握他们的内在需求，能更体察幼儿当时行为与其内心想法和愿望间的联系，能更准确地对幼儿行为变化发展作出预期。

就方式特点而言，对话是一种双向性的人际互动。对话的双方能充分感受到来自对方的尊重与信任，正是在这种氛围的交流中，双方的感受、经验能够从心底里产生互撞与磨合,当对话双方彼此之间怀有一种深深的情感时,就很容易受到对方的态度与思想的感染,并接受下来成为自身经验的一部分。在师幼这两种身份角色对话中,幼儿一方非常容易受教师一方的影响,这种影响有利于教师将一些基本的艺术价值信息通过对话传递给幼儿,从而使幼儿通过这一对话互动而获得基本艺术鉴赏经验的成长。

五、分析与讨论

因为在实践过程中发现,推进幼儿对作品的欣赏和理解受许多条件的制约,比如:教师对作品内涵的理解和把握,幼儿本身对作品的兴趣和感受力以及教师对幼儿感受特点的把握。师幼之间的艺术经验的共建是对教师教育观和儿童观的最大挑战,教师难以放下对幼儿能力的质疑和自身的优越感。这使得我们在教学环节设计、对话中的站位都难以达到理想的状态,艺术经验的共建往往以教师为主导而收场。

同时,教学现场是一个对话场,这个场的主体是幼儿。在这个场中实施对话的主要途径还比较模糊,我们现在能发现的是师幼对话和由教师引发的生生对话,也有幼儿因对话而引发的自我对话……

这些都将是本课题在后期中需进一步研究的问题。

六、研究小结

本课题研究,经过一年多的艰苦实践和探索,获得了如下的研究价值:

(1)构建了幼儿视觉艺术活动中对话教育的操作机制,填补了对话教育在幼儿园实践领域中研究和运用的不足,为提高幼儿园教育的互动有效性提供了可供借鉴、运用的经验。

① 划分了幼儿视觉艺术教育中对话教育的类型。

② 探索了幼儿视觉艺术教育中对话教育的实施途径。

③ 形成了幼儿视觉艺术教育中对话教育的操作策略。

(2)提升了幼儿园教师在视觉艺术活动中对话的艺术,增长了教师的教育实践和理论的智慧,师生关系和谐、愉悦,教师能更多地洞悉幼儿的内心需求。

(3)幼儿的个性受到珍视,促进了幼儿艺术素质和个性的提高和和谐发展。提高了幼儿学习的积极性、艺术的感知和表达的能力,为幼儿人格的健全发展夯实了基础。

33 让艺术欣赏释放天性

——幼儿园主题活动中幼儿艺术欣赏活动的内容开发和实践研究

一、研究的背景

艺术是儿童感性认识世界的方式，是儿童认识世界、表达自我的"语言"。在《3—6岁儿童学习和发展指南》中将儿童发展划分为五个领域，其中儿童艺术发展又分为感受和欣赏、表现和创造两个子领域，领域划分的本身充分说明儿童艺术教育的价值取向。在实施上海市基础课程（以主题活动的形式展开）时我们努力落实这两方面的发展。但在实施中也遇到一些问题：

（一）主题活动中的艺术欣赏内容需要更为丰富而多样

目前，主题活动中的艺术欣赏内容主要来源之一是主题中原本就有的艺术活动内容，这一部分的内容有童谣、儿歌、手工制作等，内容生动有趣，但总体具有教材编写的年代感，与十多年之后现代幼儿的生活和兴趣的呼应感较弱。同时，在操作提示中这些内容的教学目的也比较凸显学习，感受与欣赏、表达和创造的意图不明显，内容也相对单调。主题活动中的艺术欣赏内容需要与时俱进、放眼未来。从艺术发展的轨迹来看，当代艺术更注重观念的表达，所以，表现手法越来越多元化，个性化。艺术创作也从以技法为中心转换为以艺术观念和艺术思维为中心，可以看到纸雕、雕塑、现代材质工艺、街头行为艺术等新的艺术形式和语汇层出不穷。而我们的幼儿正好身处在创造的最自由阶段，所以，喜欢自然和生活中美的事物、喜欢欣赏多种多样的艺术形式和作品、自由地接触和感受、喜欢进行艺术活动并大胆地表现、具有初步的艺术表现和创造能力应该是主题活动中艺术活动实施所追求的目的。这对主题活动中艺术内容的选择、获得艺术感知的途径都提出了广泛而丰富的要求。

（二）主题活动中的艺术欣赏内容需要更多地体现儿童选择

儿童对艺术内容的选择和感知是非常主观的，常常用直觉的方式来进行。但是，在选择主题活动中的艺术欣赏内容时，教师往往以自我经验来判断和选择欣赏内容，教师在选择和思考的过程中容易忽略幼儿同样有选择的权利和能力。这种情况的发生可能有两方面的原因。其一，一贯的教师主导的教育惯性难以停止，具有儿童立场的教育观念会读能记，但与实施没有太大关联。其二，解读幼儿的能力不足，孩子们喜欢什么内容？兴趣在哪里？孩子们感受内容的方式是怎样的？这些问题的答案看不到，找不着。所以，在选择主题活动中的艺术内容过程中还不能很好地向儿童传递信任和安全，教师还是觉得选择艺术欣赏内容是自己的工作，而幼儿只负责欣赏和感知。

同时，教师在艺术欣赏内容的选择中容易将主题与欣赏分隔，或将两者由内容或名字的关系建立比较生硬的联系，而忽视主题本身就是生活和经验，艺术是经验的升华。所以，艺术本身与生活和经验有着千丝万缕的关系，比如：小班主题娃娃家，就有着无数的音乐、美术和文学的作品可充实其中，充满了欣赏和感受的乐趣。

教师需要基于主题经验生发，和幼儿共同选择欣赏内容以使艺术欣赏与主题形成经验的一体性，在认识上互动，在情感上推动，在实施中实现共存。

（三）主题活动中的艺术欣赏实施需要能让儿童释放天性

艺术对幼儿来说是出于天性的探索、体验和表达，孩子们在过程中释放自己的天性，通过感官来积极感知，建构经验，从中体会愉悦、胜任感、自信和被接纳。但是，目前在主题活动中的艺术欣赏中与幼儿发生互动的材料、人、事、物以及观点的呈现、时间的选择具有较多的教师主观性，这样，实施的全过程主导让儿童缺乏足够的体验时间和用于创作的激情。那该如何让这一过程为孩子们提供出充分感知的机会和可能呢？又该如何鼓励幼儿在主题中收集对于生活的观察、思考和想象用于自己自由表达呢？

持续多年的幼儿欣赏性学习活动实践研究中注重在每一次的欣赏性学习中幼儿对于欣赏内容的感受与体会、探索和表达。但在实施中仍然存在教师主观明显的问题，与本研究相一致的研究方向即是我们需要更多地了解儿童的方式、去完成对儿童的观察、关注儿童的主体兴趣和生成、支持探索和表达，突破实施主观的局面，以使儿童在主题活动中张开艺术感知的触角，自由地体验和创造。

二、研究的实施

（一）主题活动中幼儿艺术欣赏活动的内容开发

完全跟随主题来选择艺术欣赏内容或者完全跟随教师的意志来选择艺术欣赏的内容，这两种做法可能都过于成人主导了，缺乏对儿童发起的选择以及儿童个人兴趣的尊重。我们的研究试图寻找到一种平衡，以使主题活动中幼儿艺术欣赏活动的内容开发（选择）能做到对儿童选择和兴趣的接受。

1. 和儿童分享主题活动中艺术欣赏内容的选择权。

以往，主题活动中幼儿艺术欣赏内容完全由教师来做选择，由教师基于对儿童兴趣和能力的评估，基于自我艺术感知的兴趣和基础，选择认为孩子们不可错过的饱含人文价值的艺术作品（音乐、美术、文学）来欣赏，将它们与主题活动的核心经验做匹配后分散在主题活动实施的过程中。但是，如果儿童在活动中不能选择和决定，又何来主动和胜任呢？于是，在主题"动物大世界"中，教师没有早早地预设欣赏内容，而是顺着主题的展开观察等待着。当发现孩子们对狮子感兴趣时，才开始在活动中推动。当孩子们收集来了舞狮的视频，带来了关于狮子生活的百科全书，讨论起那威武的鬃毛和摇摆的狮头的有趣时，教师不失时机地和孩子们一起做了一个决定，做"狮子"的艺术欣赏活动，此时，师生双方的感觉和兴趣都刚刚好。之后，孩子们感觉掌控了一切（感受、体验、探索和表达），因为喜欢所以决定做"看门狮"，因为想了解所以决定看舞狮视频，然后再做狮头用来舞狮，因为喜欢超轻黏土所以在反复捏玩后决定用它来呈现立体的狮子……孩子们对自己每天的活动充满控制感，主动而积极。

与儿童分享艺术欣赏内容的选择权，使儿童在艺术欣赏开始时就能明白他想要看什么、想要怎样看，直至后期儿童在艺术欣赏活动中觉知到他感受到了什么、体验到了什么、想表达什么，使儿童的主动学习从内容选择起就已经开始。

2. 需"沉默"地去呈现主题中的艺术欣赏内容。

"沉默"不是去除教师的作用，而是对儿童选择和个性的尊重，是在教育场所和教育过程中留出空间，来让儿童感觉安全、能够选择和思考、充分感知和表达。

① 大胆呈现自己的推选。

每一位教师对于主题活动中幼儿欣赏内容的选择基本都建立在这样的三种思考上：关于主题核心价值的思考、自我艺术欣赏的敏感和喜爱以及对于幼儿欣赏兴趣和基础的推测。在此基础上，教师就有了很多的选择，然后教师通常会陷入纠结：到底该选择哪一个？哪一个才是有价值的？哪一个会受到孩子们的欢迎？……好不容易才选出的一个，常常在活动后又被孩子们的表现证实为是一个失败的选择。

我们在研究中发现，教师在内容选择时纠结的问题都是他向的，也就是这些问题的对象性都非常强，其检验的标准也是对象的体验和反应。于是，我们鼓励教师将自己认为对的内容都呈现出来，让孩子们来选择，来"回答"。中班"我自己"主题中，教师综合三个方面的思考有了许多欣赏内容设想，其中包括岳云生的"三千丑脸"系列、毕加索的《扭曲的脸》、非洲图腾脸谱等。你会发现，教师基于三个方面综合思考呈现的内容很有生命力：它们具有浓郁的生活气息和时代艺术张力、它们能够拓展幼儿眼界又表现手法丰富、它们艺术语汇夸张且富有情趣。教师决定将自己的选择大胆地告诉幼儿，让幼儿来看、来体会、来选择。

② "沉默"地呈现内容。

因为，意图是主观的，所以，将自己的选择以"沉默"的方式呈现在幼儿面前。小班"过年了"主题中，教师将自己选择的多种风格的年画张贴在环境中，看似悄然无息，但当这些颜色鲜艳、主题分明、特色明显的画作出现在孩子们的视野之中，孩子们的每一次看都积累起感受、发现、体会和思考。这些都在两周中孩子们的作品中表达了出来。教师只有隐蔽起自己的主观意图或藏起对自己所选内容的价值思考，才能留出空间用于观察和发现儿童的选择和兴趣，使主题实施从内容选择开始就能为儿童舒展自己的艺术感知留出空间。

3. 借助主题，形成艺术欣赏轮（内容主题化）。

艺术欣赏的内容归根到底都是对生活的欣赏和感受，儿童的艺术表征产生于对作品中所反映的生活的真实体验。恰巧的是，主题活动的内容本身就是生活，主题活动的形式是儿童的生活和游戏。所以，在主题活动中，围绕欣赏内容，借助主题的实施建构起一个与欣赏内容相关的由点及面、主题化的欣赏内容轮，我们觉得，这是可以帮助幼儿积累艺术体验、充分感受和表达的最佳途径。（下图为：小班"过年啦"主题中"年来了"主题欣赏轮、中班"身体的秘密"主题中"脸"主题欣赏轮、大班"动物大世界"主题中"狮子"主题欣赏轮）

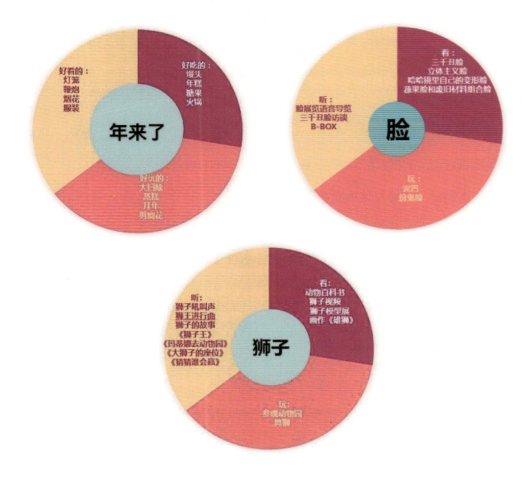

在主题活动中由师生共建艺术欣赏主题轮，借助原有的主题活动编织了一张经验的网供幼儿选择和体验。他们涉及与欣赏内容相关的认知、情感、人文和艺术特点等，以儿童喜爱的方式（游戏、操作活动）来实施。主题活动中的艺术欣赏轮引发儿童多种感官的参与（听、视、触摸），大量的操作和丰富的材料提供让儿童在过程中选择，供教师在需要的时候用以投石问路的方式支持儿童艺术欣赏和探索的需要。主题活动中的艺术欣赏轮与原有的内容呈现有很大的不同：

表 7　主题活动中的艺术欣赏轮与原有方式的区别

对比项	原本的主题中艺术欣赏内容	现在的主题中的艺术欣赏轮
涉及经验	点状出现，单线单达	综合出现、拓展丰富
儿童感知	比较被动，有体验	主动、生成、多感官参与、体验丰富
教师操作	有预定路线	没有预定，观察儿童后综合考虑来选择
儿童创造	创作较单一，兴趣难以持久	创作丰富多变，兴趣主动持久、游戏感强

主题活动中的感受体验轮式的经验呈现，给了孩子们艺术欣赏和创造的基础和可能，也让教师们看到支持儿童艺术欣赏、感知和创造经验的重要性。

（二）主题活动中幼儿艺术欣赏活动的实施

1. 看懂"预设"，放弃对幼儿表达结果的期待，实现支持。

在主题活动中实施艺术欣赏活动，我们无法避开预设，预设二字如捆缚之绳束缚着教师的手脚，教师们拿不起又放不下。我们在研究实施的过程中，教师们提出的第一个问题就是：主题活动中的幼儿艺术内容的预设不可避免，那如何让幼儿能在欣赏过程中获得控制感、乐趣和胜任感呢？

苹果班在实施"过年啦"主题时，教师预设了体现浓郁年味的荷花、金鱼等印版玩具，引导孩子们去玩，但孩子们玩之后出现的作品却一模一样，而且兴趣也仅仅维持了数天。之后，教师放弃希望孩子们继续喜欢自己投放的玩具的意图，自然推进主题，继续开展各类艺术欣赏活动。

表 8 自然推进的各类艺术欣赏活动

活 动 形 式	活 动 主 题
集体教学活动	文学:《小孩小孩你别馋》《糖和盘》 艺术:《卷爆竹》《大爆竹小爆竹》《看花灯》《漂亮的烟花》
角色游戏	娃娃家(为过年做准备) 服装店(新年的服饰)
个别化活动	装扮新年树、分糖果、做花灯
家园合作	参观城隍庙灯盏及年货区(亲子活动) 家长老师来课堂:剪窗花

与以往不同,整个实施中教师对儿童的感受和体验不作结果性的期待,看着孩子们兴趣盎然就适时推进,发现孩子们沉默不应就另起炉灶开展欣赏,对孩子们观察加以分析,对推进努力辅以尝试,两周后,孩子们的感受和发现大出意料:

表 9 改进预设方式前后结果对比

预设欣赏对象,期待欣赏结果	依据观察适时推进,不期待结果
贝贝　　　　　　扬扬	《石头一家》　　　　　　《美人鱼》
格格　　　　　　可可	《红》　　　　　　《年兽来了》

从儿童作品中反映出的翻天覆地的变化，让我们不得不回头看我们的预设：

（原先）轨迹 1：预设欣赏内容 —— 预设感受和体验的过程 —— 预设欣赏中的互动 —— 期待儿童表达的结果（作品或其他）。

当教研组呈现出这一过程时教师们也着实被吓了一跳：感觉我们每一个预设都是建立在观察和了解儿童的基础上的，但这个推导又让我们看到了过程中教师的控制是绝对主导。那如果不是这样预设，又该是怎样的呢？

《年画》的欣赏给了我们一个新的预设轨迹图：

（现在）轨迹 2：观察／倾听儿童兴趣 —— 生成／预设欣赏内容供选择 —— 幼儿自主选择艺术内容来感受／体验 —— 再观察／提供支持（内容或过程） —— 幼儿再自主选择内容感受／体验。

从这个推导过程图中我们看到教师在艺术欣赏活动中的预设发生了很大的变化：

首先，整个欣赏活动的实施过程中，教师的预设跟随着儿童的兴趣。"预设"不再那么跑得快，而是在孩子们与主题经验与艺术内容反应之后，在孩子们的主动感受体验的旁边，并不断地循环以成为儿童向前探索和发现的支持。

其次，没有了教师对幼儿表达结果的期待，孩子们的身心就得以安顿下来，缓缓地、慢慢地释放出自己的喜爱和灵感的触角去探索、体验和表达欣赏内容，这一过程让幼儿体会到愉悦、胜任、自信和被接纳。你们看，关于年兽的故事、关于家的活动、关于荷花和阳光、关于热闹的灯笼和红色，孩子们的感受和体验慢慢地延展开来，这就像"夜间观萤"的美妙，教师小心屏气、静坐守候，让孩子们与艺术欣赏内容、与主题中的各种经验碰撞，让孩子们按自己的理解、选择和进度来接触，让孩子们的灵感飞舞，此时，预设是支持而非控制！

2. 借助主题活动重积经验，要相信儿童能创造。

主题活动给了孩子们艺术欣赏的许多可能，比如宽裕的时间跨度：短则两周，长则一个多月，时间太宽裕了，足够孩子们去深入欣赏或感受一个内容或一种材料，只要他们有兴趣，可以在主题活动中自由地甚至是任性地花费时间来感受和体验；"三千丑脸"的活动中一位女孩对于白泥属性的探索整整持续了两周。比如宽阔的经验拓展和形式包容：除了教材中的，主题活动中还包含了大量的资源运用来支持儿童的经验获得和体验增强。在个别化活动中，大量提供二维材料、三维材料，为幼儿提供出能想象得到和寻找得到的各种材料，鼓励儿童在没想法有兴趣的时候探索材料，在有想法的时候动手就做；家园合作课程让校外的教育资源能作用于孩子们的需要（"狮子"中爷爷的舞狮表演和讲述、"年来啦"中家园收集的过年的声音和活动、听歌曲《赛马》时上海歌舞团演员家长用专业舞蹈表达对音乐的解读、探索上海的夜灯时工程师家长来协助排电路等），各类活动的灵活转换使主题活动成为儿童艺术欣赏感受和体验的土壤。当经验所到、体验充足之时，儿童的表达就如同触角般快乐延展开来，此时，创作不存在全体教师最初时的担心——孩子们人小，经验有限，能创造吗？我们看看在主题活动中，当孩子们的体验充足时，发生的创作：

蝴蝶灯　　　　　"喜爱上海的理由"的上海夜景灯制作　　　　立体狮子的制作

　　孩子们的创作让我们深信任何一种艺术欣赏后的表达所需要的技能都来自表达的急迫，被创作的热情"逼"出来的，当积累足够、热情足够、想法足够时，孩子们天性舒展，创造水到渠成。

　　3. 教师鹰架存在于那些"当时刻"。

　　在我们的研究中，教师们集体提出的第二个问题就是：主题活动实施中我们如何支持（鹰架），才能让孩子们的艺术欣赏能持久而主动地进行呢？

　　大班主题"动物大世界"实施中，孩子们对"狮子"非常地感兴趣。两个小组孩子因为各自兴趣的指向而分别进行了"看门狮"制作和舞狮的道具创作。可两组孩子的主动性状态却出现了很大的差异，此时的教师对自己提出了问题：两组孩子都是自由组合、自主选择展开的探赏活动，可是最后的结果却大相径庭，这是为什么呢？之后，教师收集了孩子们在过程中的主动性言语表现：

表 10　幼儿在主题活动中的言语表现

"看门狮"组的语言	"舞狮"道具组的语言
"这个狮子是做不成功的。" "太难了，不行的。" "我们实在没办法了。" "没劲。"	"好厉害啊！我也要做一个自己的狮头。" "但是我要做一个有鬃毛的狮头。" "我要在鬃毛上添一点金色，看上去金光闪闪的，超级厉害。" "我去让爷爷教我动作。" "我会敲鼓，我给你们伴奏吧。" "黄老师，这个太好玩了。今天我们晚一点睡觉可以吗？我们还想要排练。" "我们的舞狮表演很棒的，你们想看吗？"

以上是两组孩子活动中主动性的词句，从中很明显感受到第一组孩子充满不确定和无奈，状态持续回落。第二组孩子则始终充满自信，主动而积极地参与其中。两组孩子胜任感和满足感的差异是反应不同的主要原因。此时，教研组继续刨根究底寻找造成孩子们胜任感和满足感差异的原因。当再次分析现场，教师们的目光聚焦到了以下几方面：

表 11　幼儿胜任感和满足感差异的原因分析

"看门狮"组	"舞狮"道具组	问题核心
开始——照片 过程——橡皮泥（属性 Bug——空气中容易硬化，无法附着在直立平面上） 结果——失败	开始——舞狮狮头 过程——纸板箱、美工材料→金色即时贴→小鼓、舞狮视频、iPad 等自由组合使用 结果——每天都有新花样	材料鹰架

续　表

"看门狮"组	"舞狮"道具组	问题核心
对橡皮泥特性的了解比较少 对立体狮子的制作经验少 对中国站门狮子的了解比较少	爷爷会舞狮，了解舞狮，喜欢舞狮 有喜欢狮子的独特理由（威风、森林之王） 了解狮子的外形特征——鬃毛、眼睛等 有自制玩具，使用替代物的丰富经验 有明确的目的（制作狮头，舞狮表演）	经验鹰架

从上不难发现当经验储备充足，材料呈现就近、易见、多变时就能助推孩子创造力和想象力，使之在支持和满足中一路飙升，不断体验着新奇、成功和快乐。

研究的结果引领教师发现了现场中儿童欣赏的"真相"，我们不禁深深赞叹孩子们的学习能力。但希望在最适宜的时候给到孩子们最需要的支持，这个时机该如何把握？全体教师静下心回顾那些研究进程中的一个个艰难点、一个个变化点，体悟到鹰架支持的操作要点：鹰架（材料、经验）必须是在随时关注、细心分析之后，赶在幼儿放弃之前。主题活动实施中兴趣萌发容易，但主动学习维持却太不容易，它需要教师将每一个孩子的活动尽收眼底，将每一个孩子的状态把握在心中，随时关注、捕捉每一个变量；细心分析，解读出需要；让支持出现得恰到好处。以下是主题艺术欣赏实施中教师需要敏感的那些"当时刻"：

当孩子在材料库寻寻觅觅时：也许一种想法、一个尝试即将开始，你需要关注。

当孩子使用材料踌躇犹豫时：也许无法决定，或是无计可施抑或是正在思考和完善，你需要耐心观察和辨识孩子们需要的到底是什么。

当孩子的主动性言词减少时：一定有失望发生了，那个事件你需要了解，然后才能帮助孩子回到自信而喜悦的艺术欣赏中来。

当孩子反复征询教师意见时：他需要一个伴儿，需要一个依靠，你是他的力量，你需要在他的身边不离不弃，和他一起面对感受和表达的难题。

当孩子总拿眼睛偷瞄教师时：这孩子一定做了什么事情却不想让你知道，没关系，就先装作不知道和没看见吧，让我们再等一等、等一等。

当孩子唉声叹气、感到无能为力时：放弃即将发生，赶在放弃之前，弄清放弃的原因，要快！

当孩子在活动中心不在焉，注意力分散时：兴趣是学习之王道，如果没有，不必强求，但需要发现孩子眼神关注之处到底在哪里。

⋯⋯⋯⋯⋯⋯

这些"当时刻"的出现，就是支持的闹钟响起的时刻。它提醒我们或跟进材料，或丰富经验，或给予鼓励肯定，或发起挑战讨论⋯⋯这样，主动学习和创造表达才可能得以延续，才能贯穿主题的始末。

一年的研究、一切的努力换来了孩子们在主题活动中的以生龙活虎的状态运用主题经验来自由进行艺术欣赏和感受表达；换来了孩子们在艺术欣赏中的自信、愉悦和天性释然；换来了教师将儿童本位的教育立场在教育行为中真正开始落实。我们欣喜改变、欣慰成长！

34 "中国红"

——幼儿园传统艺术文化主题的实践研究

本研究形成了便于选择和适用覆盖幼儿园全年龄段的"中国红"主题网、主题内容和操作建议。其中包含 3 个子主题和 15 个相关传统艺术文化内容以及与这些内容逐一关联的操作提示和建议。同时，形成了关于主题实施的《南北狮之争》《小戏迷》等 6 个案例，在其中提炼了教师实施策略和对儿童的观察和认识，实现艺术活动中的儿童主动学习。儿童在本次"中国红"主题的学习中表现得更为自信和独立，他们参与主题的建构、内容的选择、生成自己感兴趣的艺术活动，并在游戏中积极主动地去探索、认知和创造。教师们更为退后，对儿童的信任从书面表述走向内心接纳。师生共建主题，使得传统艺术文化主题"中国红"具有了时代性和更强的传承性。一种具有中国人文气质和艺术表征特点的审美方式在孩子们的心中逐渐显现，在过程中教师和孩子们一起增长认知、接触传统，一起在内心逐渐明确自己是中国人，并为此感到骄傲！

一、研究背景

（一）问题提出

1. 需弘扬传统艺术文化，感受体悟，养育儿童民族文化自信。

文化润心，艺术养性。文化是民族的血脉，是人民的精神家园，是能植入儿童内心的基本、深层、持久的力量。艺术是儿童感性认识世界的方式，是儿童认识世界、表达自我的"语言"。我国的传统艺术，丰富博大、源远流长，是一笔巨大的文化和精神财富。党的十八大以来，习近平总书记强调"中华优秀传统文化是中华民族的精神命脉，是涵养社会主义核心价值观的重要源泉，也是我们在世界文化激荡中站稳脚跟的坚实根基"。为进一步全面贯彻党的教育方针，国务院、上海市教委先后颁布了《关于实施中华优秀传统文化传承发展工程的意见》《关于完善中华优秀传统文化教育长效机制的实施意见》等文件，这些文本指引着我们必须把中华优秀传统文化全方位地融入到学前教育，在尊重儿童认知规律、欣赏特点、兴趣需要的基础上，培养儿童积极地深入中国传统艺术文化之中，体悟中华艺术之绚烂，逐步获得文化认同、建立文化自信而后萌发民族自豪感。

2. 需深化课程理念，师生共建，实现儿童文化感知中的主动学习。

基于前期研究，我们通过实现儿童在艺术活动中的主动学习，去掌握对儿童的观察方法、发现儿童的兴趣和生成、提供丰富多样而富有变化的材料，鼓励幼儿的尝试和操作，在艺术活动中我们和儿童分享内容的选择权，突破实施主观的局面，以使儿童在艺术感知中能张开"触角"，自由地体验和创造。在此基础上开展本次研究，想有意识地通过师生共同建构主题；发现和实施幼儿感兴趣的传统艺术文化教育活动，形成相应的实施策略和方法，积累儿童学习故事，形成课程实施主题包以及儿童学习故事锦集。从中更好地获取儿童对传统文化的感知特点和表达方式，推深教师对幼儿的理解，对高瞻课程理念的感悟，鹰架支持儿童展开一系列主动而积极的学习体验。这些经验、方法无疑对面向幼儿园和教师开展传统艺术教育提供了抛砖引玉、借鉴参考的价值。

（二）关键概念

传统艺术文化是指依托在长期的历史发展过程中所保留下来的具有稳定性、民族性的文化，包括中华民族历代所沿传下来的具有中国特色的书法绘画文化、音乐舞蹈文化、工艺美术文化等。

幼儿园传统艺术文化主题是指教育者基于对幼儿欣赏和感受艺术特点的观察与理解，设计建构传统艺术文化的主题，并以主题为中心内容展开线索，创设相应的教育环境，组织开展能让幼儿感受与体验传统艺术、欣赏和表达自己对传统艺术和文化的体悟和创造的一系列的教育教学活动，从中获得精神满足、情感愉悦，萌发幼儿热爱传统艺术、热爱中华民族的一种审美活动。

"中国红"是中国的红，是中国人的文化图腾和精神皈依，"中国红"主题"以色为媒"承载中国人渴望喜庆、热闹与祥和的情感，饱含丰富的红色的记忆、人文活动和艺术形式，内涵着中国式审美和表达！

（三）研究价值

1. 理论意义。

聚焦"中国红"主题实施，丰富相关实证研究，为幼儿园传统艺术文化主题活动建构提供新思路。

纵观以往研究，对传统艺术文化的研究，包括了相关书籍对传统艺术文化本体进行的概述，大多数与成人的生活或者高年龄学生教育有关，与幼儿教育相关的很是稀少。同时开展"中国红"主题研究相对较少，仅有的文献多聚焦在小班年龄段，更是很少将重点放在传统艺术文化上，因此该方面的实践研究有待丰富。对于"中国红"传统艺术文化在幼儿园开展尚缺乏渗透性和可操作性，相对应的实施策略和方法也偏于零碎，整体且综合的主题构建也较少。从研究资料中发现，在幼儿园开展"中国红"的传统艺术文化研究受到了越来越多的重视。"中国红"的主题研究有助于让幼儿了解传统民间艺术、培养幼儿民族自豪感、弘扬民族传统优秀文化。因此，本研究的开展旨在基于儿童兴趣，以年红、喜红和暖红为二级主题深入，以高瞻课程的"主动学习"理念为导向，支持幼儿探索、感知"中国红"文化艺术和创造性的表达，从而践行传统文化教育在幼儿园课程中的渗透。

本课题尝试构建幼儿园传统艺术文化主题活动，不但能够丰富幼儿园传统艺术文化主题活动的实践研究，而且也能够丰富幼儿园传统艺术文化的学术文献，为幼儿园传统艺术文化主题的开展及主题架构的相关理论和实践研究提供新思路。

2. 实践意义。

（1）构建传统艺术文化主题活动，鼓励主动学习，创新主题实施。

传统艺术因年代久远且寓意深远，所以离幼儿的生活和经验比较远，这是一个实施的难点，但传统艺术感知可以不"传统"。基于我园前期"高瞻—创造性艺术本土化研究"项目和特色课程欣赏性学习活动的研究成果，我们通过实现儿童在艺术活动中的主动学习，去掌握对儿童的观察方法、发现儿童的兴趣和生成、提供丰富多样且富有变化的材料，鼓励幼儿的尝试和操作。在艺术活动中我们和儿童分享内容的选择权来突破主题实施中教师主观建构的局面，以使儿童在艺术感知中能张开"触角"，自由地选择、体验和创造。本次研究，想有意识地在研究中鼓励师生共同建构主题，以传统艺术文化主题——"中国红"的实施为媒介，架起传统艺术与儿童感知之间的桥梁，让主题实施能支持幼儿探索和体验自己感兴趣的传统艺术活动，主动地去体验和表达自己的艺术体悟和创作。教师能在其中积累主题架构经验，形成主题实践方法和案例，从中更好地获取儿童对传统艺术文化的感知特点和表达方式，创新传统艺术文化主题的实施，加深对幼儿的理解，也引导师生对中国传统艺术的深入和浸润，最终萌发民族文化艺术自信。

（2）构建传统艺术文化主题活动，丰富活动内容，创新主题建构。

学前二期课改选用了主题式的课程活动，锁定主题核心经验，鼓励幼儿生活化、经验式的学习。在小、中、大的主题活动中都有对传统文化艺术的触及，但量小且缺乏关联性。中国传统艺术是具有比较强的文化性和传承性的，如好的手工艺、民俗艺术、诗词画被保留下来，在每一次的学习和继承的基础上又加入了每一代人的生活和审美的变化和创造。所以，传统艺术文化的感知具有经验整合和系统传承的特点。将传统艺术文化以主题方式来展开，能实现与目前学校课程中主题活动的融合：

① 内容补充。因为是主题式设计，与原有课程类型匹配，融入感强。由中国红—传统艺术文化带入的艺术性和欣赏体验内容，将很好地补充原有主题中传统文化活动内容。

② 选用灵活。设计出的中国红—传统艺术文化主题，自成体系，既具有从自身话题线索出发的主题核心经验和追求的发展价值，又可由教师灵活选用具体内容和主题核心经验与不同的原有主题组合使用，融合经验，健全主题建构。

③ 全龄适用。主题建构不受年龄段限制，以内容为线索，活动建议灵活，教师可根据本年龄段以及本班幼儿的活动兴趣来选用，依据班本特点，选用主题内容，建构班本实施。

这样的艺术文化主题建构，将打破锁定年龄、固定范围、模式操作的建构和实施方法，将更大的主题课程建构权给予教师，给予儿童更大的选择决定的权利和表达自我的空间，丰富课程内容，使传统艺术欣赏活动对幼儿审美素养培养更富有价值。

（四）国内外研究现状

1. 关于"中国红"传统艺术文化的国外研究。

提及"传统艺术文化"，即指"中国传统艺术文化"，"中国特色"是其特质之一。国外有少许研究者对中国传统文化展开研究，日本教育学者福本谨一以辩证的角度提到：如果国民无法养成对于传统文化的憧憬与留恋的情感，那么将导致对本国家身份意识淡薄这一危机。然而，过于强调的话，又可能陷入狭隘的自国中心主义的泥潭。日本人对自我民族身份的认同感具有相当的自信与力量，他们对前人所积累下的传统与文化保持着敬畏与学习的态度。与此同时，为了避免轻视他国传统与文化的狭隘民族主义，认为需时常保持自省自戒的观念。《中日美术教育的比较研究 ——以传统文化为核心的课程理论与教学实践》提出在日本传统文化振兴财团和传统文化活性化国民协会这两个团体所阐述的"传统文化"内容中，美术领域包含传统工艺，陶艺、木工艺、漆艺、竹艺、家族徽章、浮世绘、日本画、古美术作品等被列入其中，而非美术领域中则有和屋、茶道、花道、和服、寿司、能乐、狂言、相扑等。欧美国家还未涉及对传统文化总文化下"传统艺术文化"这一类别的探讨，对传统艺术文化教学中如何培养幼儿的研究更是空白。

2. 关于"中国红"传统艺术文化的国内研究。

在知网中以主题形式键入"传统艺术文化"一词，相关文献有 6 000 多篇，其中硕博论文有 6 000 多篇。但是以关键词键入时，却寥寥无几。由此观之，当前研究并未把"传统艺术文化"当作核心研究内容，而是常以辅助的形式进行，如常附带于传统文化的研究、艺术教育教学的研究之中。张秦在《林语堂对中国传统艺术文化阐释中的美学意蕴》中指出林语堂认为中国的传统艺术文化在世界上是具有非常重要的地位和作用的。文化传播研究杂志中《短视频情感化设计对中国传统艺术文化的传播探究》叙述李子柒走红的视频将中国传统艺术文化中的审美特征放大，打破现代社会给人们造成的拘谨、紧张、压抑、快速的现状，让人们从现实中跳脱出来，享受视频带给人们田园诗一般的画面。此外，传统艺术文化也被运用到高职学前教育专业美术课程中，在《传统文化艺术在高职学前教育专业美术课程中的渗透》中提到，中国传统文化艺术源远流长、博大精深，具有深厚的文化底蕴，具有极大的文化价值，对于我国教育领域能够发挥十分重要的作用，尤其是对于我国高职院校的学前教育专业，学生日后面对的工作对象主要是幼儿，幼儿正在美术启蒙阶段，因此美术课程在该专业中占有重要地位，为了更好地弘扬中华优秀传统文化艺术，将传统文化艺术渗透于高职学前教育专业的美术课程教学中，对于高职院校学生而言能够拓宽视野、提升文化素养。

搜索知网文献对主题活动"中国红"开展的传统艺术研究文章也是寥寥无几，其中三篇落脚点在小班年龄段，研究具体内容聚焦在非物质文化的启蒙教育、结合红灯笼开展区域环境创设、传统艺术的体验爱国情怀的激发主题活动的创设。

纵观以往文献，涉及到"中国红"字眼的多和新闻报道、艺术创作与设计相关，作者都是将"中国红"的深意加以阐释、作以引用，用在文学作品中、新闻报道中、歌舞畅想中、美术创作中等。有对舞台剧中的红色精神的反思；有对国庆假期中中国人爱国情怀的彰显；有对太空中五星红旗所传递的航天精神和科技力量的感叹；有对艺术作品及创作设计中红色革命精神、民族传统文化含义价值、作为人民的信仰与情怀、特殊节日里的美好庆祝、团结奋进不屈不挠民族精神的诠释与赞扬。

3. 关于"中国红"传统艺术文化主题的研究评述。

从以上国外对于"传统艺术文化"和国内对于"中国红"的研究资料中发现，在幼儿园开展"中国红"的传统艺术文化研究受到了越来越多的重视。"中国红"的主题研究有助于让幼儿了解传统民间艺术、培养幼儿民族自豪感、弘扬民族传统优秀文化。此外，施莹对于区角环境创设的实践研究为本研究提供了经验参考。李文、李君玲在研究中对后来研究者提出的期待也正是本研究在实践中需要进一步思考的。

因此，本研究的开展旨在基于儿童兴趣，以年红、喜红和暖红为二级主题深入，以高瞻课程的"主动学习"理念为导向，支持幼儿探索、感知"中国红"文化艺术和创造性的表达，从而践行传统文化教育在幼儿园课程中的渗透。

二、研究概况

（一）研究目标

（1）顺应儿童整体感知的学习特点，进一步推深教师观察和理解幼儿的能力发展，创设能让儿童主动参与的主题实施，支持儿童探索和感知主题中艺术活动和文化精神内涵的丰富有趣，支持儿童对传统艺术的深度体验和跨界表达，萌发儿童喜爱传统艺术、喜欢中国的情感。

（2）师生共同建构主题，形成"中国红"主题网络和内容，梳理操作提示，提炼传统艺术文化主题实施的经验。

（二）研究内容

（1）形成"中国红"主题以及三个子主题（年红、喜红、暖红）的可供三个年龄段选用的具体活动内容。

（2）研究儿童对主题中传统艺术内容的感知方式和学习特点，梳理和提炼出关于"中国红"主题开展的实施策略和方法。

（三）研究方法

研究中运用的主要方法包括：文献研究、思辨分析、调查研究、行动研究、案例研究与总结经验等。

（1）通过文献研究法寻找传统文化艺术教育以及"中国红"主题实施在目前国内的研究现状。

（2）通过访谈法、调查法，了解幼儿关于主题的认知和兴趣，梳理教师对"中国红"主题的认识与规划，以及对目前设想教研内容、形式、氛围的看法与需求，从而确立"中国红"主题开展的目标和具体做法。

（3）通过观察法、行动研究法、案例研究法，在我园大小教研中进行实践尝试，及时反思、调整策略。通过经验总结法，反思"中国红"主题实施的进程与成效，总结在教研实践中的典型案例和具体方法，形成研究报告和成果。

三、研究实施

（一）主题网络

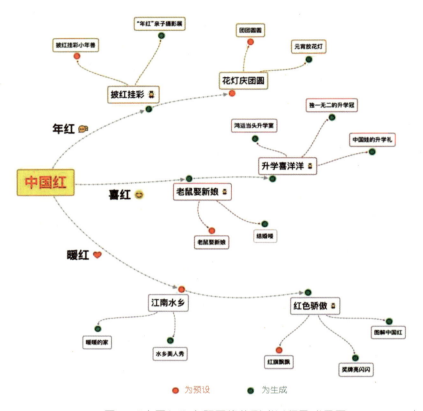

图4 "中国红"主题网络的形成过程及成果图

（二）主题建构

"中国红"之下设3个二级子主题：年红、喜红和暖红；6个三级子主题，其中一半是生成的。十多个活动内容中9个为儿童生成的内容。

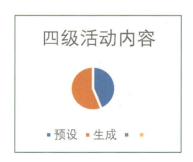

图5 主题活动中预设和实际生成比例图

从数据统计和结构图来看，在主题建构中幼儿生成活动或者说对儿童生成的鼓励、支持和关注非常高，这是一次真真切切的师生共建主题。

1. 儿童有自主选择权。

开始主题研究之时，正是年节前，一时间，铺天盖地的红色映入孩子们眼帘，我们与年红撞了个正着！中班孩子问教师："为什么馒头上会有一个很好看的红点点呢？"这可问倒了教师，别以为成日里见到的就一定知道！于是，教师和孩子们"一番折腾"后，知道了点红是年节时，在刚蒸出的白馒头上用胭脂点出一点，寓意"鸿运当头"讨吉利和口彩的，那白白的馒头，蒸汽缭绕，衬映着胭脂一点红煞是好看。这下可好，孩子们忙起来了，他们收集来了所有可以用于点红的食材，红豆、樱桃、枸杞、红枣……，没过几天，点红就成了"每个红"，伴随每个红还有很多的"小秘密"："我想把这个有红豆的饼送给阿姨，她马上就要结婚啦，希望她吃了我的红豆饼甜甜蜜蜜的！"秀莹说："我的舅妈要生宝宝啦，我的蛋糕上放颗枣子。因为枣子就是早生贵子呀！"小小说："我做的这块糕送给我外婆，她一直住在医院里，所以我要在我的糕上放很多枸杞，这样她吃了我的糕就能身体健康了。"

从点红到每个红，一切都是孩子们的兴趣和需要、是孩子们的选择，在支持和鼓励中孩子们的红"越点越多"，作品越来越美，而每个红里都藏着孩子们的善良和中国文化中的深情关爱！

2. 儿童有自主实施权。

年红中，孩子们欣赏了舞龙的视频，看着电视里一条条红色和金色的长龙在铿锵有力、热闹非凡的锣声中时而穿梭前进，孩子们说："龙一定要是红色和金色的，这样才是热闹和威武的，还是吉祥的。"

接下来，没有一条龙是相同的：这一次，我们根本阻挡不了孩子们的创作热情，从设计到收集材料再到制作和舞龙，孩子们说了算。我们深深地感受到经历高瞻一期研究后，孩子们积攒了主动学习的力量！

同样是舞龙，这一次教师没有具体化实施的过程，而是放手给孩子们，孩子们自主建

薯片罐龙   可乐龙

纸片龙   锦色泡面碗龙

纸盒龙   连接长龙

构具体内容的实施，一条条龙上有孩子们饱满的创意和发现的民族元素，一个个舞龙动作中有孩子们体悟到的中国龙的精气神！

　　本次"中国红"主题的建构过程恰与儿童艺术能力的成长相遇，如果说之前，教师还在艺术欣赏主题建构中努力地减少控制，学习观察儿童的话，那么这一次，我们有些"不得不"退让在后，因为当把选择和决定的主权交到孩子手中时，孩子们是有力量的学习者。比如，相较于教师想通过故事让孩子们了解国旗为何是红色的、红色国旗的内涵和意义……，孩子们却有自己走近国旗的方式。他们好奇于奥运会场上的国旗冉冉升起，模拟赛场、模拟夺冠、模拟升旗，孩子们说：只有夺冠，才能让五星红旗在赛场升起，才能奏响中国国歌。他们在其中体悟国旗对于国家、对于自己的神圣。所以，和孩子们共同进行主题建构能使主题具有更强的时代性和传承性，主题的建构本身成为师生共同体悟主题意义、顺应自我兴趣、表达自我体悟的成长过程。

　　"中国红"主题网从一开始的以色为心，注重颜色体悟和感知，到后期的以色为媒，关注具有红色氛围和特征的中国婚嫁、节习年俗、泥塑服饰工艺和富有传统艺术感的器物观赏等，给了孩子们最为喜欢和更为广泛的了解和深入中国艺术、情感抒发和文化累积的入口。孩子们在主题中认识了十多种中国红颜色，接触到几十种传统艺术，感受到借物寓情、写意表征的中式审美表达，体会到中国人善良、美好的艺术文化精神内涵，对自己是一个中国人有了更为深入和广泛的理解，对民族的文化有了归属感。

（三）儿童对传统艺术的感知特点

　　1. 游戏是儿童与传统艺术对话的独有方式。

　　"喜红"的环境创设好了，孩子们会有什么反应和想要做什么呢？教师特别好奇，也特别期待。下午，智娴、阳阳和依依最先起床，看到眼前的"喜红"惊讶不已，阳阳也走了过来，他疑惑地说："这么红，难道是要结婚了吗？"依依听到阳阳这么说，兴奋地欢呼："太棒啦，那我们'结婚'吧！"

　　这一要"结婚"，事儿可多了！

　　用各种各样的红包贴成画挂在新房里，用喜字贴挂满相思豆树，用核桃、花生和莲子装饰镜子叫"早生贵子镜"。厅堂满红，孩子们边探索边操作、边欣赏边感受、边思考边创作！

即将成为新娘的实习生周老师的结婚照成为了孩子们的"最爱",他们被新娘的霞帔凤冠、喜庆红扇深深吸引,一场采访不休不止。

智娴:"周老师头上那个像帽子一样的东西上有很多珍珠、宝石,太闪亮,太好看了!"

依灵:"我还看到上面有一只像鸟一样的东西。"

周老师:"那可不是普通的鸟,那是凤凰,凤凰是万鸟之王,是人们心中的瑞鸟,有吉祥太平的含义。"

智娴:"她的红衣服好漂亮,那么长,而且肩膀上的装饰特别好看。"

周老师顺着智娴的发现,神秘地说道:"肩膀上的装饰有个特别的名字,它叫'霞帔'。它和衣服是分开的,是另外穿戴上去的哦。"

接下来的一周,孩子们可忙坏了:

飞飞做了镶满石榴花(红色锡纸)的凤冠,说也希望新娘和新郎子孙满堂。

小萱和智娴,她们从材料库中找到了一块大红色的无纺布,然后剪下了一个很大的圆。

可怎么都围不上肩。一番折腾后，在一旁的子益提醒道："你们难道没有想到还有脖子吗？要再剪掉一点呀！"智娴和小萱恍然大悟，小萱还从材料架找来了一些圆形的纸板，用剪刀围着圆形剪了几刀，然后又找来了金色和大红色的扭扭棒，做成了牡丹花。然后——

喜扇、喜帕、喜鞋，喜冠、喜杯……，几乎结婚用的每一样东西无一不是出自孩子们的手，他们将自己发现的、学会的、想到的、创造的花纹、图案和材料都运用到了这些"作品"上去。带着他们所有的作品，一场"婚礼"开始了。

游戏，让儿童的欣赏和创造交织。分不清哪一刻是欣赏，哪一刻是创造，游戏中孩子们总是不断地发现着美，被感染、被打动，又在不断的视觉冲击下产生创造的动力，在实际操作中产生艺术创造的思考，它们"亲密"地交织在一起，不可分。

游戏，让儿童有节律地走近传统艺术。传统婚庆服饰庆贺表达之美、器物装饰之美、礼仪祝愿之美，按着游戏的发展进程，它们有序而丰富地出现在孩子们的视野中，"诱导"孩子们主动地亲近这些艺术表达，主动去理解艺术的意义和内涵，这一场"婚礼"、一场游戏中让孩子们把传统婚庆艺术"玩"（欣赏、感受、模仿和创造）了个游刃有余，体验得淋漓尽致！

2. 从"模仿"到"表意"需要时间。

慕慕如此痴迷于江南水乡的白墙黑瓦，从教师提供的视频到提供的图书和江南水乡的画册，慕慕真的都非常喜欢，但却也异常地沉默：

第一阶段：沉默地看视频和画册，即使你询问，也没有什么回答。

第二阶段：开始用教师提供的白纸、黑笔、剪刀、浆糊在教师做的、伙伴做的徽式建筑周围开始自己的尝试，动作很慢，看得出在自己思考着，想着。这个阶段持续了将近两周。

第三阶段：慕慕的制作中房屋、流水、小桥、石子路无一不细致体现，但建筑上的门窗都是红的，当我们忍不住好奇问慕慕时，孩子是这样解释的——因为那里面正在结婚、过年、过生日……

哇，慕慕似乎得到了中国画的精髓：简笔表意，抽象凝神！

当时的我非常的激动，因为孩子能察其表、觉其意已属不易，而感其形态、得其精髓实在是太难得了，我们认为慕慕从开始走到现在的这个欣赏、感受和体悟的全过程中，时间是催化剂，孩子们从模仿到表意需要时间。

而教师需要做到温和地延展：及时关注但不敦促、留出空间但不催促、给足材料但不要求、尊重创造但不定义。

（四）主题实施的策略

1. 推动深度体验。

那一天，教室里"剑拔弩张"！

表 12　推动深度体验事例

儿童活动	教师的观察与推动
萌萌："北狮比较写实，像真的狮子。"未未："南狮全身毛茸茸的、眼睛圆圆大大的像青蛙一样，真可爱！"萌萌："你不觉得北狮看起来更威猛、更真实吗？""不，就是南狮最受欢迎、最厉害！"……大家为维护自己喜欢的狮子争论不休。	"你们说的好像都有道理，但都是从哪里知道的？能不能找到证据说服大家？"（也许能推动他们更为细致地发现南北狮艺术表现的手法不同。）
几日后…… 苗苗："北狮是很像真的狮子，但是它龇牙咧嘴的，看起来很凶很吓人！"瑶瑶不服气："它就是要这样才能帮我们吓走妖魔鬼怪啊！"多多附和："没错，北狮眼睛睁得大大的、很有神也是为了吓走坏人，你们看，还有它脸上的这些像火一样的图案，都让它看起来更威猛！"可可乘胜追击："我们南狮脸上也有这种图案啊，除了这种火纹还有云纹、花草纹，这些都是表示祝福的！"	孩子们的发现从"**笼统模糊**"向"**精致细化**"进军，甚至开始联想、揣摩"模样"背后的寓意。我需要继续搭好"**戏台子**"、抱着"**认真吃瓜**"的态度支持孩子们从主观感觉的斗嘴进入探究中国艺术文化的"**实证辩论**"。
苗苗兴奋地从阅读区跑来跟我说："老师我有大发现！"只见她边翻开《年兽来啦》边激动地说："年兽和南狮长得一样，头上都有犄角！"一旁未未呐喊："哇，我们南狮太厉害了，竟然和年兽是亲戚，它们都有犄角，北狮没有……"北狮组不甘示弱，多多拿出自己的"笔记"："虽然北狮头上没有犄角，但有花朵。""我看到它头上戴一朵红色的花，难道它要结婚？"多多反驳："不对，这是区分雌雄的标志，红色花代表雄狮，绿色花代表雌狮。""你说错了吧，红色代表雌，绿色代表雄吧？""不对，北狮头上的花是相反的"。	苗苗无意间的发现彰显她日常有心的观察，她将关于南狮的"犄角"经验拎出了水面，这也直接激励了对方持续不断地探索。多多的有备而来彰显着他的热情与执着，凸显着他愈发细致的观察、逐渐深化的摸索。此时已分不清是求知的热爱，还是击败对手的执着，一直在推动他们向前迈进。看来，这有意的绘本投放作用不小！

其中，教师推动深度体验的妙招：

和孩子们认真地讨论艺术。随时随地回答孩子们的一切提问，想方设法满足他们兴趣盎然的探索，和他们一起讨论在表达时遇到的一切困难。

利用好儿童情绪进行激励。利用好孩子们的"想赢""不服输"，做好"搭台"（激励辩论）、"吃瓜"（关注但观望）、投放材料（主动鹰架），推动孩子们更为细致地观察和深入地感知。

在推动儿童深度体验的过程中，教师们发现自己越发"安静"了。因为需要静静地观察孩子，细想他们的需要。因为鹰架和推动不仅仅只是语言。

2. 支持赶在兴趣发生时。

苇苇神秘地说："孙老师，告诉你一个秘密，我会唱昆曲啦！明天我穿上戏服，表演给你们看。"难以置信，不会吧！教师虽心中嘀咕，但在第二天准时为苇苇准备好了舞台。我们来看：苇苇的吟唱支支吾吾，模模糊糊，听不大清楚，但孩子的神情投入，眼手身法步还真是有模有样的。只有一个答案，那就是真的喜欢了。

苇苇如何入戏的？孩子的妈妈揭开了谜底。原来，苇苇妈妈看到教师发布了和孩子们一起探索传统服饰的活动信息，很赞同教师给孩子进行中国文化启蒙的做法。为开阔孩子的视野，丰富中国传统服饰的经验，妈妈带她和姐姐去看了"宝贝，来看戏！"的昆曲启蒙演出。苇苇一下子被色彩丰富的戏服人物吸引了，一定要买一套戏服回家。瞧，姐妹俩在家穿上戏服，听着昆曲，模仿《牡丹亭》杜丽娘的身段动作，甩着水袖，玩着玩着就"入戏"了！

第二天"悦赏一刻"时间到了，苇苇特别自信地向大家介绍了自己身上的昆曲戏服：水袖、绣花裙、穗子鞋，鲜艳的色彩、精美的刺绣，深深吸引了所有的孩子。伴随着悠扬的昆曲音乐，苇苇现场时而甩动着水袖，时而弯腰转身，时而翘起兰花指。之后几天，苇苇的身边总是围着几个孩子，她们向苇苇学习兰花指，走小碎步，甩袖……苇苇俨然成为了小师傅。

"五一"长假即将来临,孩子们兴奋地讨论着,苇苇说:"我想去四川。"教师好奇地问:"你是去看大熊猫对吗?"苇苇摇摇头说:"不是,我想去看川剧,看表演变脸。"一打开戏曲的话题,苇苇马上又来了精神,又兴奋地说:"暑假里,我还想去浙江,看看越剧,还想去北京,那里有正宗的京剧。长大了我想做服装设计师,专门做戏曲的服装!"……

看来"戏迷"不是与生俱来的,也不是天上掉下来的。当儿童的兴趣发生时,教师和家长都进行了有效的支持:

妈妈:看戏、买戏服、找昆曲,鼓励在家练表演。

教师:表示惊叹、搭建"舞台"、鼓励表演、开展专门的"悦赏一刻"。教师和妈妈在兴趣发生后所做的支持使得孩子的兴趣得以维持和升级。也许,现在的小兴趣可能成为未来的爱好,甚至可能是生活方式 ——一种带有中国艺术审美特征的生活方式,这让我们在主题研究中有了更多的期待!

3.创设浸润体验环境。

"华夏复兴,衣冠先行",中国传统喜冠的款式、颜色、花纹都极其"讲究"(仪式感和丰富的艺术内容和表现手法的生活化融合),具有保护和喜庆双重功能的红色成了特定的吉祥色。当我们将这些重要人生仪礼中的喜冠放在欣赏区后,孩子们惊叹不已!看、摸、做、玩,一番摆弄之后,积聚的力量终于在毕业的时刻爆发了,孩子们决定这一次做自己的毕业礼冠,不戴博士帽。

迪迪:"我的升学冠用红色装饰,代表'红红火火',花间的云纹代表着平安祥瑞,干花代表我一直都这么美丽、我的学习成绩永不'凋谢'!"

可可:"火红的珍珠和花纹象征着我一直能漂漂亮亮,上小学之后的学习能蒸蒸日上、红红火火，前面的十颗毛球代表着十全十美！"

辰辰："你们知道吗，九是单数中最大的数字，头顶的九颗毛球希望我以后学习也能名列前茅、天天向上！帽翅上金色的云纹象征我健健康康、吉祥如意！两边的羽毛代表我以后像羽毛一样美丽、自由！"

孩子们的创意犹如雨后彩虹般璀璨夺目，每个人都有一顶"升学冠"后，赋予对自己或同伴未来的祝福；在毕业典礼上，教师们这次退到了舞台后，孩子们将为同伴授予自制的中式升学冠，送上美好祝愿，欢欢喜喜地体会一次中式升学"授冠"礼。

卢梭曾说："如果我的双脚从未在炙热的大地上奔跑，我又怎能理解酣畅淋漓的感觉？"儿童与传统艺术文化之间，少的可能就是如彩虹般丰富多样、充满中华艺术感的浸润体验式环境。教师顺应儿童对于喜冠的兴趣，创设材料环境便于儿童选择和创造，呈现儿童作品引导儿童享受创造的乐趣，举办中式毕业礼，鼓励儿童相互授冠和祝福，由材料、活动、教师关注等构成的环境具有足够的力量让孩子们从喜欢逐渐浸润，从模仿走向创造和表达，将喜冠的艺术表现手法和形式美体验了个充分而满足。中国式审美、中国式礼冠中藏着孩子们一颗开始涌动的中国心。

四、研究成效

（一）儿童成长

1. 从"对不对"到"来不来"——儿童自信而主动。

"喜红"活动开始时，孩子们在做选择和决定时还时常用眼神望向教师，显得犹豫不决，期待帮助；直至"状元游街"时，孩子兴高采烈，欢呼笑语中主动邀请张老师参加活动，自信地问道："张老师，你来不来？"孩子们变得自信而主动！

变化的原因来自在传统艺术感受中，教师注重环境的创设，引发喜欢；注重兴趣的维护，引发自觉参与；注重鼓励和支持儿童用自己独有的方式与传统艺术对话（选择、思考、判断、创造，用自己的速度和节律），如此之下，艺术学习已经成为儿童的内在动机，让儿童产生了充足的愉悦和胜任感，儿童变得自信而主动。

2. 从"鲜花"到"福袋"——儿童开始中式表达。

米诺的手不小心骨折了，在家休养，孩子们这次没有选择鲜花和卡片，而是送上自制的福袋和梅花发卡。

涛涛："米诺，这个福袋送给你，希望你福气满满不再倒霉。"

小敏："米诺，希望你像梅花一样不怕冷，勇敢坚强！"

很长一段时间以来，孩子们被西方化的文化深度影响着，表现在生活的方方面面，这一次，儿童运用自己学习到的中国艺术美以及中国式美善合一的祝福来表达自己对伙伴的关心和爱，含蓄而优雅，借物以抒情，赞！除了作品本身，更让人高兴的是饱含中国式审美和人文关怀在儿童心中的润入。

3. 从喜欢到了解——儿童有颗中国心涌动。

主题活动进行了将近两个月，倪若琳（左边穿白色衣服的孩子）即将随父母移民澳大利亚。这是孩子在幼儿园的最后一个月了，那天，我们看着她朝着窗外的五星红旗敬礼，神情是如此凝重。当教师询问怎么了时，孩子说："陶老师，我好爱幼儿园，好爱中国啊！"

孩子的一句话，让我们的内心翻涌了很长时间。如果说，主题开始之初，我们成功地让孩子们喜欢上了中国传统艺术，那么两个月之后，我们让孩子们的胸膛有颗中国心开始涌动，或许，这才是我们的始终追求的研究"成果"。

（二）教师成长

这一路走来，教师们更有智慧了！

1. 信任儿童是有力量的学习者。

在"中国红"这个孩子们比较陌生的艺术主题中，当给予儿童尊重和信任，赋予儿童选择和决定权，能"静默"而多样地支持和讨论，孩子们表现出非常主动和积极的生命形态，他们探索自己喜欢的东西，在模仿中体悟和发现，有着饱满而强烈的创造欲望，学习充分、灵动而广泛。孩子们感受到尊重后表现出的充满力量的学习让教师心悦诚服，从内心接纳儿童是有力量的学习者。

2. 明白欣赏和创造一样重要。

创造是一个体悟积累后的自我觉知。当积累足够时，创造就不是问题。教师在传统艺术文化主题活动中需能保有"静默"的力量，重视对儿童发展的观察和理解，充分利用环境和材料的力量促使儿童自己与传统艺术"对话"，让主题环境如"大地"般围绕着儿童，多样化地支持儿童欣赏和发现、探索和体悟、讨论和模仿，哪怕这个过程是缓慢的，我们仍需学会等待，让孩子们积攒之后可用以创造的"宝藏"。

3. 理解传统艺术的美善合一。

中国传统艺术文化如缤纷彩虹绚烂夺目。越深入越发现中华传统美学与德修的融合是如此贴近，几乎所有的艺术作品都与中国儒家"仁义礼智信"五常为一体，所以中国传统艺术文化教育是美善合一、艺术和德修相融的审美教育。我们和孩子们经历的审美过程也是传统思想和品德教育过程，是一场和儿童一起趋善向美的历程。

五、研究小结

经历了一个学期的研究和梳理,研究告一段落。形成了便于选择和适用的"中国红"主题网、主题内容和操作建议。这其中包含 3 个子主题和 19 个相关内容以及与这些内容逐一关联的操作提示和建议。同时,形成了关于主题实施的《南北狮之争》《小戏迷》等 6 个案例,在其中揭示我们在此主题活动中形成的教师实施策略和对儿童的观察和认识。

儿童在本次"中国红"主题的学习开展中表现得更为自信和独立,他们参与主题的建构、内容的选择,生成自己感兴趣的艺术活动,并在游戏中积极主动地去探索、认知和创造。

教师们更为退后,对儿童的信任从书面表述走向内心接纳,和儿童一起共建主题,尊重儿童对传统艺术的选择、呵护儿童的兴趣和需要,支持和鼓励儿童用自己的方式来探索传统艺术并加以表达,积累了对儿童与传统艺术对话的观察和发现,实现基于观察的支持和帮助,专业素养再次提升。

师生共建主题,使得传统艺术文化主题"中国红"具有了时代性和更强的传承性。儿童因此喜爱上了传统艺术,愿意接触和表达,愿意使用和亲近,一种具有中国人文气质和艺术表征的审美方式在孩子们的心中逐渐显现,随之而来的还有传统艺术中的善良、包容、祝福等具有仪式美的内涵,在过程中教师和孩子们一起增长认知,接触传统,一起在内心逐渐明确——我是中国人,我为此感到骄傲!

六、问题与思考

"中国红"里有颗中国心!我们期望孩子们不仅爱唱迪斯尼的《Let It Go》还会哼唱《茉莉花》;我们期望孩子们能手执蜡笔,也会握起毛笔;我们期望在中国传统艺术文化熏陶下看到更多喜爱汉服、能剪纸、能贴花,懂礼仪、重人情的,对民族文化有归属感的孩子。中华文化复兴、民族复兴才不是一句空话。我们期望更多的教师能做"中国红"主题,和孩子们一起在主题的浸润中教学相长,健全认识,相互影响,了解中国艺术,热爱中国文化,拥有一颗中国的心!

我们初建了一个"中国红"的主题网,但它只是起点而非终点,如何利用好这个起点来进一步推动儿童与传统艺术的广泛接触,从而能进一步萌发喜爱传统艺术、喜爱中国的情感是我们需要进一步思考和完善的。

初步设想：

（1）本主题为动态使用，不分年龄段和班级，教师和幼儿可根据自己的需要和兴趣，结合当下主题的开展，动态地选择，适度地使用。

（2）本主题实施强调师生共建，原因是主题的开展和延伸需基于对儿童兴趣的观察，从儿童的兴趣入手去发展，而非教师主管掌控。

（3）主题具有不断延伸的可能，"中国红"是一个可无限发展和延伸的主题，在使用时，可依据自己的探索来重新建构和实施，这个尝试需在后期进一步探索。

（感谢金囡幼儿园教研组全体伙伴们的共同实践和努力！）

第六章

"在观察中，学习欣赏你"

——儿童活动案例

早晨走进教室，你们用惊奇的眼神看着我，当我正准备炫耀新剪的发型时，你们突如其来地说："刘老师，你烫头发了？""嗯嗯，最新的麻花烫，好看吗？"你们若有所思地回答："好看的，就像个'疯子'一样……"

哈哈，在我吹胡子瞪眼之后，又为你们对我点点变化的关注而感动，被你们的童言逻辑所"折服"，而后，为自己能欣赏到你们爱人的方式而快乐！

你们有想法："香的集市"中你们说"陈"这个字有旧的意思，但旧的东西也有味道，那是一种藏在心里的味道，当你想到的时候就会想上很长的时间……

你们有观点：认为可以在长颈鹿和斑马的屁股上装上一个可以移动的"厕所"（一只小碗），这样就可以解决它们随地大小便的问题……

你们有创造：用水管、纸盒、积木堆叠来表达艾草的清香沁人心脾，用衣架、纸和垃圾袋模拟烧烤来表达冰片的"冲"，你们用艺术的方式来表达气味，我想，在此方面，你们是天生的艺术家，比我做得好。

很幸运，我能用喜爱的心情享受看见你们的美好，领略其中的趣味和做教师的意义。

当我退后，你们的一切就能被看见；

欣赏你们，在你们炙热的心灵上奔跑；

让我充满快乐并享受作为教师和你们共处所带来的甘甜！

十二月，孩子们用自己喜欢的方式，探索身边自然的气味，艾草、茶叶、花朵、果实，花香、谷香、茶香、药香……各种各样的香味融汇于一场孩子们主办的"香的集市"，其中蕴含着中国人与世界文化最深刻、最亲密的对话。它们美好若晨曦，等待着我们（孩子和教师）用一颗谦逊的心，一双亲近中国文化的眼睛去发现、去欣赏、去感受！这一次，我们故意退后再退后，因为想"看见"你们，然后去感受和欣赏与你们一起的喜悦和惊奇！

35 是"陈"还是"橙"

芬芳的橙皮被孩子们搜集了起来，剥、切、晒，孩子们开始了做"陈皮"的旅程。当一个小伙伴拿来新会陈皮时，孩子们突然发现陈皮的"陈"字不是橙子的"橙"。

| 橙子皮 | 橘子皮 | 陈皮 |

此时，孩子们的心中充满疑惑：这个"陈"字是什么意思呀？为什么橘子皮会叫陈皮？橘子皮是怎么变成陈皮的呢？之后，幼儿园午餐的水果就成了孩子们研究的对象，孩

子们将每周午餐水果的橘子皮保留了下来，分别记录下日期，经过两个多星期的观察，孩子们发现，保存时间不同的橘子皮，其香气、软硬、颜色都在发生着变化，好像更香了，且这种香气与刚刚剥下来的橘子皮是不同的。

这一探索让孩子们体悟到时间带给食物的美好，陈皮是越久越好，越老越有用，也懂得了"陈"字凝结着岁月的力量。于是，大家开始收集家里的老物件，孩子们办起了"陈"年展。迈入展览的区域，他们是这样向我介绍的：陈年展的陈字代表老旧的意思，但老的东西也是很有味道的，这个味道不是鼻子闻到的香味、嘴巴尝出来的味道，而是一种心里的味道，这种味道可以让你看到之后想很久很久……

36　"香笃笃馆"

孩子们齐声说道："欢迎来到香笃笃馆！"

教师："什么是香笃笃呀？"

团团："因为我们敲药材的时候会发出笃笃的声音呀！"

教师："哦，那你们这个馆是干嘛的呀？"

小满："我们都是小药师，我们馆能定制香囊。"

教师："那这些香囊都有什么作用呀？"

轩轩："有治失眠的，有可以防虫的，有提神醒脑的，还有防疫的，请问您需要哪一种？"

教师："我最近睡得很不安稳，经常做梦，你觉得我需要个什么样的香囊？"

轩轩："给你定制一个助眠安神的香囊吧。"

教师："你们在里面放些什么呢？"

小满:"失眠需要放酸枣仁、薰衣草、玫瑰、香附。"

轩轩:"还有夜椒藤、白术、菊花,这些放在一起就能让你睡个好觉了,你看看,上面还挂着我们画的夜椒藤的画呢,反面有它们的功效哦!"

教师:"那我什么时候能拿到我的定制香囊呢?"

小满:"你去其他的地方逛一圈吧,等会儿再来就能取咯!"

37 爱茶大调查

一天，游戏结束之后，欣欣和大家分享："我今天没有去茶香店。"

教师疑惑地问："为什么呢？"

欣欣："因为今天茶香店的新品我不喜欢，这个茶的味道有点臭的（普洱的陈味）。"

一句话引起了班级里几个孩子的共鸣："我也不喜欢这种茶的味道！"

"我很喜欢呀，我觉得很香！" 畅畅说道。

孩子们议论起来："这个茶很苦，其他班级的小朋友也不会喜欢的。"

"那他们会喜欢什么茶呢？"

"我们去问问他们不就知道了嘛！"

既然提出了问题，不如去做个 "市场调研" 吧！孩子们拿起笔和纸对全校区的教师、伙伴开始了大调查。

两天后，出现了孩子们的调查报告：

孩子们发现不是所有的人都喜欢喝茶：有的人觉得普洱有臭脚丫的味道；有的人觉得浓茶有苦瓜的味道；还有的人觉得茶叶水有点像中药的味道。

孩子们还发现有许多人不能或不喜欢喝茶：比如家里的小宝贝、猫猫和狗狗（孩子们认为宠物是家中的一员）不能喝茶；妈妈只喜欢喝咖啡不爱喝茶。人们对茶还有不同的选择和需要，比如奶奶喜欢甜的茶，爸爸觉得奶茶不健康。

经过周密的调查，最后发现大多数人喜欢的茶是水果茶和奶茶。孩子们对这一结论如获至宝，决定开一个"茶（奶茶）香店"。

儿童"沉甸甸"的调查记录

茶香店卖各种各样的奶茶 　　　　　　　　　孩子们的创意奶茶杯

38 香料说明书

孩子们对"香"的兴趣点从"好闻的味道"转向"不同的香气",开始在班级的"香料库"收集起不同的香料。嘟嘟发现薰衣草可以安神助眠;顺顺发现薄荷叶可以止痒,治感冒;默默发现茉莉花茶能够减肥;多多发现菊花可以去火明目;沁沁发玑古诗词里竟然也藏着许多"香味"。孩子们在自由活动、角色游戏时制作起了每一种香料的"推荐理由""推荐指数""适用人群"……

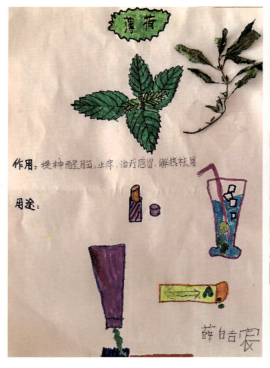

薄荷

茉莉

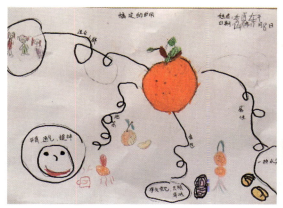

橘皮

菊花

这些"香料说明书"是孩子们的学习历程和学习成果。

39 香味盲盒

在"花香"的整个活动探索过程中，孩子们对于某几种花香的喜爱更加明显，它们分别是桂花、兰花、茉莉花等。他们甚至在角色游戏当中开起了闻香店。他们把对香味的猎奇和喜欢与自己最喜欢的"抽盲盒"游戏结合在了一起。把闻到这种味道的感受画在盲盒上，让大家猜一猜是什么香味。里面还有试香纸，可以闻一闻看一看。

幼儿介绍说："你们知道我这个宝盒里面是什么香吗？这是我们中国人很喜欢的一种香，我给它取名为小蜜蜂香。闻到这个香味就会想到暖暖的太阳、甜甜的糖果还有小蜜蜂的家。还能在小圆子和糕点里闻到这种香，现在你们能猜到了吗？"

"告诉你们，这就是桂花的香味，你们喜欢吗？"

悠悠："老师老师，快来试试我们的香水呀！"

教师："什么味道的香水呀？"

悠悠："你看这个盲盒，上面有提示的。"

教师："这个放气球的小朋友是表示很开心的意思吗？"

悠悠："是的呀，闻到这个香味就感觉像在公园里面，还有好多气球，好开心！这个花当你闻到就像进入了一大片花的海洋，就像看到了花一样。"

教师："那这个音符呢，是在唱歌吗？"

悠悠："你闻闻这个香味，它能让你安静下来，就像听到一首很舒服的音乐。"

教师："是茉莉花味吗？我喜欢这个香水味！"

小雨："这个味道在我妈妈洗澡的时候一直能闻到，是我妈妈最喜欢的味道。所以一提到这个香味就会想到洗澡。晚上还能做个甜甜的梦。我也最喜欢这个味道，我感觉我闻到这个香味，就像是坐上了幸福大转盘，而且大转盘还有很多颜色，转起来就像彩虹一样美！"

这个美好的味道就是"兰花香"。

孩子们提着这些香味盲盒行走在走廊中，引来了一大群猜盲盒的小伙伴……

40 薄　　荷

年龄段：大班

闻了这个味道就像来到了清凉的海边乐园，在泳池里游泳，吃大大的冰块雪糕……嘶，真凉爽！

创意作品：薄荷（正面）

创意作品：薄荷（俯视）

近景特写：作品上孩子们做的融化的冰淇淋

41 熏艾草

年龄段：大班

咕嘟咕嘟！咕嘟咕嘟！瞧，麻辣火锅沸腾啦！熏艾草的味道就像麻辣火锅里冒出来浓浓的味道一样，好厉害呀！

42 附   子

年龄段：中班

团团，你闻闻这个中药，像不像我们洗澡后的味道？那你用的沐浴露肯定有这个香味的呀！

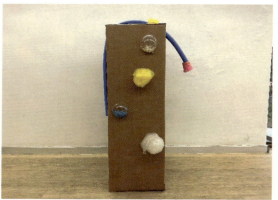

黄色的球体是柠檬的感觉，蓝色的球体是清爽的感觉，透明的球体是洗澡的感觉，盒子是一间浴室。

43 冰 片

年龄段：大班

 嗯！（土豆皱起了眉头）这个味道怎么那么刺鼻！真难闻！

 （轩轩起劲地跑过来）什么味道？让我闻闻。哎呀，这个米道哪能噶"冲"额啦！像烧烤摊头浪额烟，熏死特了！（上海话）

孩子们用制作的烧烤架表示冰片"冲"的气味

44　辛苦的茶农

年龄段：中班

茶园里洒满了茶园伯伯珍贵的汗水，晶莹剔透。

是啊，采茶可累了，顶着大太阳，手上沾满泥和灰。好闻的茶香来之不易，每一片茶叶都是茶园里的茶农伯伯辛勤劳动的成果。

采好的茶经过炒晒和揉捻，要花好多功夫和时间才能变成香香的茶。

绿色的是茶园，锡纸做的茶农，闪亮的珠片代表辛勤的汗水，盆边是劳动的手。

45 用艾草泡脚的感觉

年龄段：中班

艾草的香味很好闻，钻到身体的血管里了。我想把它留在心里，每个地方都香香的。

作品外观

幼儿自制的艾草汁浸泡的纸有很多的清香味。纸筒中放了晒干后的艾草叶，锡管代表血管，木"心"代表希望艾草的味道通过血管留在心里。

46 萦萦艾草香

年龄段：中班

经典语录：

　　熏艾草的香气一直在教室里转啊转，绕啊绕，我们想保留住艾草香味，不让它走，实在是太好闻了！

　　竹枝和石头是校园里捡的，软木条是向门卫伯伯要的，缠绕在一起是希望味道不要散去。

　　　　　　　　　　　　　　（感谢金囡幼儿园瑞仕部的全体伙伴们的共同实践和努力！）

看——我主动地用视线接触你；

见——对你的观察、认识和理解。

由看至见，而后用喜爱的心情欣赏你的美好，领略你的有趣和人性之美。

从看到见，不容易，作为教师需要将观察儿童的能力作为终身需要发展的教育技能来不断地要求自己和培养自己，在其中认识到儿童是怎样的，才能实施有智慧的教育支持。

在"香"的主题实施中我们实现了许多的第一次：

认识到儿童是有力量的学习者，实施中支持儿童生成。不管是主题架构还是主题实施，这一次似乎处处有儿童的选择、儿童的主张。教师们不再是为了需要儿童生成而去挖掘生成，而是能基于看见的儿童兴趣，去支持和推动探索。"陈"年展和猜香囊大转盘就是这样来的。我们在主题建构和实施中第一次与儿童成为默契的合作者。相互分享着智慧和力量。

认识到需要为儿童的学习"留白"，过程中支持儿童自主。向后退一点，再向后退一点，我们学会不断地提醒自己将教育惯性"刹车"。明白了，过多预设的本身是对儿童的不信任。我们将整个门厅区域留白，用来展现儿童随时随地会出现的艺术表达。我们和儿童一起创设"集市"，集市的门头都由孩子们来讨论和制作。从而发现，当教育的过程给孩子们"留白"越多，孩子们就会表现得越主动和自信，更乐于探索和思考！

认识到儿童的思想是神秘的"花园"，值得我们去欣赏和学习。那里有纯真浪漫，朴素自然；有灵动的探索和念头，有好笑的做法和理由……充满人类的美好和善意，我想，这也是每一位教师前行的原动力，因为：

我们一直与儿童一起向美而行，彼此"看见"！

参考文献

[１] [美] 埃里克·布斯．张颖，译．艺术，是个动词 [M]．二十一世纪出版社，2009.

[２] [美] 埃利诺，杰勒德．郭少文，译．对话：变革之道 [M]．教育科学出版社，
2006.

[３] 安志超．幼儿艺术欣赏活动的案例分析与教育建议 [D]．沈阳师范大学，2014.

[４] 边霞．儿童的艺术与艺术教育 [M]．江苏教育出版社，2006.

[５] 陈秀丽，黄晃．幼儿园主题式艺术教育活动的指导策略 [J]．幼儿教育研究，2019
(01)：28－30.

[６] 董奇．儿童创造力发展心理 [M]．浙江教育出版社，1993.

[７] 孔起英．学前儿童美术教育 [M]．南京师范大学出版社，1998.

[８] 孔起英．儿童审美心理研究 [M]．江苏教育出版社，2004.

[９] 李星．视觉艺术教育的审美意义．中华论文资源库 [DB/OL]．http：//www．soess．
com/wenshiyishu/wenxue/200911/3989_2.html.

[10] 李忠．耕耘在未知领域 ——基础教育若干问题研究 [M]．中国三峡出版社，2006.

[11] 李俊刚，郭苹．艺术教育活动中幼儿感受美和表现美的过程 [J]．学前教育研究，
2008 (04)：27－29.

[12] 刘春蓉，孙燕．艺术欣赏中幼儿主体性的实现 [J]．基础教育研究，2009 (08)：
59－60.

[13] 楼必生，屠美如．学前儿童艺术综合教育研究 [M]．北京师范大学出版社，1997.

[14] 骆彦勤.幼儿园主题活动开展传统艺术教育方法及策略[J].考试周刊,2020(011):165—166.

[15] 倪玲玉.有效提升幼儿艺术欣赏力的策略研究[J].教育观察,2019,008(022):44—45.

[16] [美]帕默尔.教育的勇气.吴国珍,等译.[M].华东师范大学出版社,2005.

[17] 邱月芳.地方民间传统艺术进幼儿课堂的实施路径研究 ——以石狮市第五实验幼儿园教育教学实践为例[J].延边教育学院学报,2019,33(04):182—184.

[18] [美] 桑得拉·黑贝尔斯,里查德·威沃尔.李业昆,译.有效沟通(第五版)[M].华夏出版社,2002.

[19] 孙建军.语文对话教学[M].复旦大学出版社,2008.

[20] 王丽.儿童的审美情感与儿童艺术教育[D].南京师范大学,2003.

[21] 王海霞.透视:中国民俗文化中的民间艺术[M].太白文艺出版社,2006.

[22] 虞永平.文化、民间艺术与幼儿园课程[J].学前教育研究,2004(01):31—32.

[23] 张华.民间艺术资源融入幼儿园课程研究[J].陕西学前师范学院学报,2017(01):20—22.

[24] 赵秀霞.论幼儿园开展传统艺术主题活动的教育方法及策略[J].天津教育,2019(32).

后 记

    2022 年 4 月，当完成了所有书稿，深夜中我凝望窗外，想起那一段段文字里我亲爱的孩子们就满心温暖。那一个个的案例是我在不同时期成长的印记，每一个印记里有那么多教师的护助和伙伴的陪伴，这厚重的成全之心暖彻肺腑。

    本书第一章的案例大多出自我所参加的上海市浦东新区首届学前教育名师后备培训班（2005 年—2008 年）的学习。感谢我的园长曹莉萍老师给予我勇气和力量，去尝试参加这次对我成长至关重要的教育锻炼。经过选拔，我很幸运地成为浦东新区第一届学前名师后备班十位学员之一。富有诗意的学习旅途，我在浦东新区教育发展研究院学前教研室教研员李继文老师的教导下，学习细致有效的教育思维和儿童观察；跟随项目导师黄琼老师学习反思和设计儿童活动；跟随项目导师熊建辉、姜勇博士拓展眼界。也感谢凤炜老师在项目实施中投入的关爱。三年中，我深受领导和导师们的教导与扶助，他们的深情厚爱，直至今日，铭记在心，不敢忘怀。

    2018 年，我们金囡幼儿园有幸成为上海市教委教研室的"高瞻课程创造性艺术活动本土化实践研究"项目实验园。作为主要研究人员，我跟随项目研究三年，使自己浸润在儿童丰富多样的艺术表达之中，感受到儿童的学习力量，本书中的许多案例就是在这个时期积累下来的。非常感谢在研究过程中，项目主持周洪飞老师给予我很多思考和锻炼的机会；徐则民、贺蓉、王菁老师对研究进行深入的指导，他们都让我受益匪浅。

    本书提笔之时，也是最为困难的时刻。全书的总体架构该如何呈现，该如何定位，如何呈现对儿童不断深入的理解和自己的专业成长，都困扰着我。在这个过程中，我得到了

《上海托幼》杂志副总编王坚老师和我的园长曹莉萍老师的大力帮助。我亦步亦趋，在他们的指导下完成了全书框架的设计。在焦灼之时，杨宗华老师的鼓励让我有了坚持完成书稿的勇气。

4 月定稿之时，书稿送到了我的导师，刚从国家教育发展研究中心调回教育部教育管理信息研究室的研究员熊建辉博士手中。为了写好序言，熊老师还特意邀请了闽南师范大学学前教育系主任李云淑教授，请她一块讨论完善全书的框架结构，交流序言的内容。因为两位老师白天工作都很忙，常常是晚上 8 点起在线开会，持续讨论到深夜。两位老师的专注和不计付出，让我深深感动和钦佩。

回看书稿，那些和伙伴们一起研究、探讨、撰写的日日夜夜浮现在眼前，我可亲可爱的同事们一直在前行的道路上给予我力量，陪伴我不断地深入。那一个个书写的夜晚，得到家人的照顾和体谅，让我心无旁骛，专心致志。

本书记录了我理解儿童的心路历程。这一路走来，何其幸哉与孩童之心相遇，与老师、家人的成全之心相遇，与同伴们的情谊相遇，也与未来更好的自己相遇。记录这一路心得，虽竭尽所能，但由于才学疏浅，存在许多不足，祈请各位专家、老师和伙伴们批评指正。

刘　岚

2022 年 5 月 15 日